中公文庫

組織の盛衰

決定版

堺屋太一

中央公論新社

はじめに

この本の目的は二つある。一つは、現在の組織、特に日本の官僚機構や企業組織などの現状を点検して正確に観察認識し、その改革改善と新しい創造に役立つような発想と手法を提供することである。

今日、日本経済は不況といわれている。つい三年前までは、「世界無敵」のようにいわれていた日本企業が、今は業績悪化に喘ぐ有様である。

日本の経済実態は、決して破滅的なほど悪いわけではない。それどころか、一九九二年においても経済は成長し、失業率はきわめて低く、貿易は人類史上最大といわれるほどの黒字だった。この国に重大な天災が起こったわけでも、外敵の侵攻危機が迫ったわけでもない。いわば天下泰平四辺平穏である。それにもかかわらず、企業の経営者や中堅幹部から漏れて来るのは、不況の苦吟と政治救済を求める叫びばかりだ。たかだか、土地や株が値下りし、消費需要が少々前年割れになった程度でこうも大騒ぎになるとは、日本の企業組織がいかにも弾力性を欠いている証拠だろう。

企業だけではない。政府官僚機構も同様だ。長い間、日本の官僚機構は優秀有能だと信じられていた。政治家たちが派閥争いと疑惑糾明の探偵ごっこに明け暮れていても、官僚機構に任せて置けば万事巧くいくという安心感があった。

だがそれも、この二、三年ですっかり潰れてしまった。日本の政府は、中東湾岸危機でも、カンボジアのＰＫＯでも、コメの関税化を中心とするガット・ウルグアイラウンドでも、明確な方針が打ち出せなかった。世界の冷戦構造が消滅し、アメリカが日本の追随を喜ばなくなった途端に、日本政府は基本方針の立案も総合調整の実行もできなくなってしまったのである。

外交や国際問題だけではない。財政問題でも教育改革でも、公共事業や医療制度の問題でも、この二十年間に成果を上げた改善はほとんど見られない。国鉄や電電公社を民営化した以外は、小手先の数字合わせを積み上げるだけで、理念と理想を持った改革は何一つ進んでいない。官僚機構という組織が極度に硬直化し、有能な人材を閉塞しているのである。

今日の日本人は、「戦後」という特定の時代に長く生きて来た。その間に、この特定の時代を「当り前の状態」と思うようになった。そんな日本人が寄り集まって作る組織も、「戦後」の環境に適応し、それ以外を考えなくなってしまった。

しかし、長い歴史を踏まえて見れば、「戦後」はきわめて特殊な時代だった。世界には東西対立冷戦構造があり、日本は外では「西側の一員」とさえ叫んでいれば安価な安全保障と確実な原料輸入と有利な輸出市場が得られた。内では高度経済成長が続き、企業は押しなべて大発展を続けた。そして人々は、そんな企業に通勤さえしていれば、定年になるまでは安全確実に年々増加する収入を得ることができた。今日の日本の組織は、官僚機構も企業組織も個人の家庭も、そんな国際環境と経済状態に適合して形成されている。われわれ日本人は、それを特殊なものとして見る目も、「戦後」から離れて改革を図る尺度も持ち合わせていない。

ところが、一九八九年末にベルリンの壁が崩れて冷戦構造は消滅してしまった。その直後から日本国内でも土地と株とが値下り、バブル経済の崩壊がはじまった。つまり、国際政治でも国内経済でも、「戦後」は終わったのだ。

このことは当然、新しい時代、新しい環境のはじまりでもある。「戦後」という特殊な時代に適合した日本の組織が、これに対応して自らを改革し改善するためには、どのような視点から分析し、どのような要点に留意すべきか、それを考えることが大切であろう。本書の第一の目的は、そうした問題意識を持って組織を点検し、これからの「知価社会」にふさわしい組織の体質と気質を創り出す一助となることである。

この本のもう一つの目的は、この国に組織論または組織学の体系を広めることだ。

今の世の中は、すべてが組織で動いているといえる。ところが、その組織に関する調査研究は、必ずしも多くはない。近代の学問体系は、あらゆる分野を細分化し専門化して、きわめて高度な知識と技術を作り上げて来た。その中で、組織に関する研究だけは、著しく立ち遅れている。

例えば歴史の分野でも、政治史や経済史、科学技術史や美術史は、それぞれ独立の分野として専門の学者が多勢いるし、大学には講座もある。ところが組織史だけは学問分野として確立されていないばかりか、太古から今日に至る通史さえもほとんど見当らない。

現在の組織についても、個々の問題としてはいくらか取り上げられている。特に社会学においては、家族社会学、産業社会学、宗教社会学などがあり、それぞれの範囲内での組織論も展開されている。政治学においては、政党組織や政治機構が論じられている。中でも統治権力や軍隊組織に関する研究には、かなり高度なものがある。

しかし、これらの大部分は組織の観察と影響を論じることに主眼が置かれ、組織そのものの種類や要素、機能や構造に関する体系的な理論にまでは到達していない。組織は社会の原点であり結果であっても、体質と気質を備えた生態としては考えられていないのである。

　おそらくこれには、組織と学問との気質的な背反性も影響しているに違いない。実際社会で組織の運営管理に当たる人々は、現実志向にならざるを得ないので学問的興味が乏しい。一方、学術研究に秀でた人々の多くは、組織的な思考が薄く面倒な実務に入りたがらない。この結果、組織は存在としては認められても、体系的な学術研究の対象とはなり難かったのではないだろうか。

　私が組織の問題に取り組んだ最初は、二十年あまり前、通産省の組織改革に当たって、ヒューマンウェア（対人技術）の研究をはじめた時である。その直前、私は日本万国博覧会の準備開催組織の編成にたずさわったが、これはきわめて実務的な仕事だった。一年ほどの間に、常勤職員六〇〇人、非常勤契約者を含めて一万人を七〇カ国から集め、四年後には跡形もなく消滅させるというのは、組織の生涯を貫観する稀有の経験には違いなかったが、体系的に学術的な研究に至るものではなかった。

　しかし、一九七一年からはじめたヒューマンウェアの研究は、組織論的展開に進むきっかけとなった。このことから私は、通産省退職後、一九八三年から八五年にかけて「ヒューマンウェア研究会」を主宰し、数多くの研究者と大量の資料に遭遇することができた。そしてそれが、知価革命論や地域構造問題でも、大きな基礎になっているように思う。社会の変化と組織の変革とは、密接不可分な関係にあるからである。

私の組織論の研究は、断続的ではあったが既に二十年を超えた。その間に社会も技術も、世界も経済も、様々に変わった。ただ日本の組織だけは基本的に変わっていない。むしろ「戦後」という特殊な時代にますます過剰に適応しているように見える。冷戦構造と高度成長という環境の中で、あまりにも多くの成功体験を積み上げて来たからである。

時代が継続し環境が不変なら、組織の問題は実務の範囲で処理できる。しかし、世界構造が変わり、歴史の発展段階が転換しようとする今は、これまでの経験と経緯を離れた観察と思考が必要だ。その意味でも、今は組織論的考察と、それに基づく組織の見直しが避け難い時である。

私は、この本を書くのに長い時間をかけた。というより、何度も書きかけては中断した。ある時には五、六百枚の原稿を書いてみたが、出版するには至らなかった。また別の時には何人かの方々に執筆を依頼して組織論の序説を作ろうと試みたが、とりまとめることができなかった。

特に一九八三年から八五年まで続けた「ヒューマンウェア研究会」には、多数の研究者にお集まり頂いた。その成果は、毎月一回の割合で日経産業新聞にも掲載したので、目に触れられた方もあるだろう。また、八七年から九〇年にかけては、「利益質研究」を国際的な拡がりで行うことができた。

私が今、やっと本書を書き上げることができたのは、それらに参加して頂いた内外百人余の方々の御尽力のたまものである。同時に、本書の出版を三年がかりで御支援下さったPHP研究所の今井章博氏をはじめとする実務者たちのお陰でもある。

組織論の研究は、まだはじまったばかりだ。私の浅薄な著述は、その導入にも値しないだろうが、本書が組織に関する学問の形成にきっかけを与え、実際社会での組織変革の一助ともなれば、望外の幸せである。

一九九三年三月

堺屋太一

目次

著者解説

今こそ、読んで欲しい作品

組織の盛衰

決定版

第一章　巨大組織の生成から崩壊まで

――三つのケース・スタディー

導入のための事例

世界の歴史には多くの巨大組織が生まれ、かつ滅んだ。比較的安定した平和な島国・日本とて例外ではない。その中には、比較的短期的に生成から急成長、繁栄から、衰亡、消滅までの道を辿った事例もいくつかある。組織の問題を考えるに当たって、まずよく知られている日本史上の劇的な事例を三つ取り上げてみよう。

(1) 豊臣家――人事圧力シンドロームと成功体験の失敗

一個人から天下支配の大組織へ

日本歴史の中で最大の急成長組織といえば、豊臣秀吉がつくりあげた軍事政治組織「豊臣家」であろう。

もとはといえば、尾張中村郷の農民の小倅「猿」が、諸国を放浪した後、織田信長に仕え、やがて一軍の将となり、一城の主となり、遂には天下を平定する。ただ一人の放浪者が、たった三十年で全国を支配することになったのだから、その組織・豊臣家は、人類史上でも稀に見る急成長組織だったといえる。

出発点での豊臣秀吉は、苗字も名前も分かりかねるような人物だった。若い頃に木下藤吉郎と名乗ったが、木下の姓も妻のねねの実父の苗字だから、秀吉にはもともと姓がなかったらしい。藤吉郎も結婚後つけた名前のようだ。

父親は弥右衛門と記録されているが、苗字は見当らない。母親は弥右衛門と結婚して四人の子供をもうけた後、竹阿弥という織田家を引退した茶坊主と再婚した。一般には、姉と秀吉が弥右衛門の子で、弟（のちの大和大納言秀長）と妹（のちの旭姫）は竹阿弥の子とされているが、弥右衛門の没年から考えると、四人とも弥右衛門の子であったと見るべきであろう。要するに、そんなことも明確でないほど貧しく知られない低い身分だったのだ。

のちの太閤・豊臣秀吉は、十歳そこそこで家を出て諸国を放浪し、一時は遠江の松下《まつした》加《か》兵《へ》衛《え》に仕えて小納戸役にも取り立てられたが、間もなくそこも追放されて尾張に舞い戻った。縁あって織田信長に仕えたのが出世の緒《いとぐち》だが、その出発は小者、つまり雑役夫で、足軽にさえなれなかった。しかもその時、秀吉は既に十八歳、当時としては早い出発ではない。

そんな無名の人物が、機転と勤勉で足軽になり、二十五歳で弓衆頭の養女であったねねと結婚して、ようやく何人かの家来を持つようになった。豊臣家の組織の誕生は、この時点だったといえる。

それからの秀吉の出世と豊臣家組織の拡大は急速である。永禄七年（一五六四年）、秀吉二十八歳の頃には、既に一部隊長として、軍事指揮から情報活動にまで参加している。この段階では恐らく数十人の組織ができていただろう。墨股《すのまた》の築城（三十歳）の頃には、二、三〇〇人の家来がいたらしいが、その大部分は織田家からの借物だ。この時点の秀吉の地位は、単なるサラリーマン、いわば営業所長程度だ。

織田信長が美濃、北伊勢を制して上洛した後、三十代半ばに達していた秀吉は、浅井攻めの総大将に任じられる。この頃には一〇〇〇人ぐらいの家来をつけられていたはずだ。ここまでの組織は、秀吉の収入で賄う領主の形態ではなく、信長から銭で雇った兵隊を貸与される形であった。秀吉自身が自分の禄（収入）で雇っていた家来は、一〇〇人未満だったと思われる。

元亀四年（後に天正元年に変わる―一五七三年）、三十七歳の秀吉は浅井の本拠小谷《おだに》城を落とし、ようやく五万石の領地を得た。はじめて自らの収入で自らの家臣を養える状態になったのだ。五万石といえば、戦国時代の慣例では約一五〇〇人の家臣を養うことになる。そのほかに織田家特有の与力大名、つまり信長の命令で指揮下に入った部隊がかなりいたので、三〇〇〇人ぐらいに指揮権が及んでいただろう。いわば信長社長によって支店長兼務のまま子会社の一つを任されたような立場である。

秀吉が飛躍的に出世するのは、その直後、中国毛利攻めの総司令官に任じられてからだ。当時の毛利は織田家の最大の強敵だったから、数多くの与力大名が与えられた。同時に、播磨、但馬の地侍などで、織田家に加担した者も指揮下に加わった。この結果、秀吉が指揮する人数は約一万、多いときには三万にも達した。

また、天正七年（一五七九年）には外交策略で備前の宇喜多家を味方につけ、これも自己の指揮下におさめたので、常時三万人以上の軍隊を指揮できるようになった。いわば、中国方面統括事業部長となり、任された子会社のほかに、この方面の工場や販売網も指揮監督する地位についたようなものである。

しかし、この段階までは織田家の一武将として、信長の傘の下から一歩も出ることはできなかった。従って、豊臣家（当時は羽柴）の組織は、織田本社の指揮命令を実行する現場に限られていた。

ところが、天正十年（一五八二年）、織田信長が本能寺で横死すると、僅か二年間で秀吉は天下人に駆け上がり、自立の超大組織を形成する。つまり総本社機構を作り上げたのだ。この結果、豊臣家は、旧織田家の諸将はもちろん、徳川、毛利、上杉などの伝統と格式を持つ自立の大名をも傘下におさめる超大組織になったわけである。

規模の拡大と質的転換

組織の規模が拡大すると、一定の段階ごとに質的な転換が発生する。数十人から二〇〇人までは、一つの組織原理によって構成し行動することができる。イタリアには「船を動かす人数」という言葉があり、数十人から二〇〇人までの組織を指す。つまり一人の長が全員の顔も気心も知って指揮監督できる中小企業の組織だ。

ところが、これを超えると、一人の長では目が届かなくなり、管理監督のための組織が必要になる。中小企業から中堅企業へ、組織の質も飛躍する。さらに拡大して一〇〇〇人を超えると、管理監督機構自体を管理する組織が必要になり、すべてを規則化基準化しなければならない。

軍隊でいえば、二〇〇人までの中小企業規模は小隊や中隊、一〇〇〇人までの中堅企業規模が大隊なのに対して、三〇〇〇人を超える準大企業は連隊に匹敵する。指揮官は通常、小隊長が少尉、中隊長が中尉、大隊長が大尉なのに対して、連隊長は大佐と急に高い階級の者が当てられている。これは管理機構の複雑化と管理能力の高度化に対応した人事だ。

さらにこれが数千人規模になると、また組織原理が変わる。企業でいえば一部上場の大企業、現場指揮だけではなく遠隔指揮が必要となる。軍隊では、これ以上を旅団、師団、軍団と呼び、指揮官には将官を当てている。そしてまた、数万人以上の巨大組織になれば、総合的な状況判断が重要になり、管理職種も多様化する。社会的影響を持つ一流大企業、軍隊なら方面軍、総軍といわれる大組織である。

　豊臣秀吉の場合、足軽頭になったときが数人から数十人の規模。軍隊でいえば班から小隊に当たる最小組織だから、軍曹か少尉が現場で直接ひとりひとりを指揮するような状態だった。次に、墨股の築城から信長の上洛に従う頃が数十人から二〇〇人、いわゆる「活力ある中小企業」規模だった。秀吉の独断で、全員が死地に赴くことができたのもこの規模なればこそだ。秀吉の人生においても「個人の顔」が最もよく見える時期で、個人的なエピソードも多い。

　元亀元年、秀吉三十四歳で浅井攻めの司令官となってから近江長浜に城を得るまでは連隊長、一〇〇〇人から三〇〇〇人規模の指揮官だった。これが「個人の顔」の見える限界だろう。この時期に、ようやく知的能力を持った部下が現れてくる。早くからの与力・竹中半兵衛に加えて、増田《ました》長盛《ながもり》、藤堂高虎、黒田官兵衛などが働き出すのもこの時期からであり、加藤清正や石田三成などの小姓団が形成される。いわば豊臣家の将来をになう人たちが集められ、それぞれに個性を発揮した中堅企業の時期である。

　秀吉は、この組織をもって毛利攻めの司令官となり、師団規模の軍隊を指揮するのだが、この時点では織田家という大きな傘の下にいたから、規律、規範についてはかなりルーズでもよかった。規則基準は織田家のものを適用、組織上の不都合があれば、信長に願い出て制裁も変更もできた。いわば子会社の気楽さで現場の指揮に専念できたのである。

しかし、織田信長が急死して、天王山の戦いで勝利を収め、賤《しず》ヶ岳《たけ》の合戦でも勝って天下を制覇すると、様相が一変する。各地の伝統ある既成大名を傘下に従えたため、最早個人プレーは通用しない。それぞれに組織も慣例もある諸大名を統治するには、規定規則による組織運営、今日の言葉でいえば「組織の近代化」が不可欠だった。これを推進したのが、後に五奉行と言われる事務官僚たち、石田三成、増田長盛、長束《なつか》正家《まさいえ》らであった。

組織の変化とトップの変身

豊臣秀吉は、組織の拡大に伴う質的変化をよく理解し、自身もそれにふさわしく変身した。はじめは姓も名もない人物だったが、隊長になると木下藤吉郎になり、連隊長になると秀吉を追加、毛利攻めに向かう時には羽柴と改姓、筑前守を名乗った。恐らく織田信長の指示もあったことだろうが、最後に天下を取ると豊臣の姓を朝廷よりたまわり、関白太政大臣、そして遂には太閤となる。

こうした改名は秀吉自身の変身であり、家臣団からの距離をも表している。つまり、家父長的な「おやじ」から、組織の長としての「機関」へ変化した、といってよい。秀吉の成功の要因の一つは、急速な発展に対応した組織改革と自己変身との見事な適合性にある。だがこれには、若年期から秀吉の出世と共に歩んできた武将たちの強い反発も生じた。トップの顔が見える二〇〇人までの組織においては、みなトップを良く知っているし、お互いの気心も知れている。従って、規則基準に違反しても成果を上げる者には寛大な措置を採り得た。

例えば、中小企業なら、出勤状態が悪く数日は行方も分からなくても、三日後に出社した時には大口契約を取って来ているような社員がいたとしても、「あいつはああいうやり方だ」と、トップも周辺も納得している。

ところが、組織規模が巨大化して相互に顔の見えない中型企業以上になると、服務規則も出張旅費規定も交際費規定も遵守しなければならない。ここでいわゆる「組織の近代化」、規定規則に基づいた組織的拘束性を強める改革が必要になってくる。

豊臣家では、これが急激に繰り返し起こった。それに対応できたことこそ、豊臣家の成功の重要な原因だが、人間的なつながりを重視する土臭い人々からは反発が出た。中小企業から中堅企業、大企業へ発展した会社でも見られる、若手の学卒エリートと古参の叩き上げ現場派の対立である。

前者には大規模化に対応する「組織の近代化」という錦の御旗があり、後者には「この組織をここまで拡大してきたのは我々だ」という自負がある。それだけに、この対立は深刻だ。豊臣秀吉は、この質的転換を巧妙かつ見事に成し遂げた。

『太閤記』を一読すると、その前半、長浜時代までに登場する人々と、天下を取ってから活躍する人々の顔ぶれが完全に変わっていることが分かる。

初期に役立った槍ひと筋の猛烈社員は、天下を取ってからの組織的な経営の中では有用ではなかった。幸いにも豊臣家の組織は急成長組織であったから、実績ある者に禄を与えることができた。彼らも常に成長を信じ、次の合戦での働きで一段と加増されることを期待できた。秀吉は、この成長意欲を巧みに利用し、合戦に勝ち続けたのである。

成長組織には成長志向が

組織の問題には、組織の構造（体質）の問題と、組織の志向性（気質）の問題とがある。成長組織豊臣家は、その規模と機能に応じて体質の変革には成功したが、猛烈な成長志向の気質は終始内在した。秀吉やその家来たちのエピソードの中には、成長志向の強さを語ったものが数多い。

例えば、石田三成は、豊臣家第一の切れ者と言われた事務官僚だが、その三成が初めて大名になったのは、小牧長久手の戦いで徳川家康らを服従させた直後の天正十三年（一五八五年）頃、二十五、六歳で近江水口《みなくち》四万石を授けられた時だ。さて、この領地を授けられてから一カ月ほど経った頃、秀吉が三成に、

「佐吉や、そろそろ家来も集まったかな」

と聞いた。佐吉とは石田三成の幼名である。これに対して三成は、

「ようやく、一人だけは」

と、答えた。四万石といえば一二〇〇人の家来を雇うべき立場である。それ以前の石田三成は五千石内外だったと思われるから、少なくとも一〇〇〇人の増員が必要なのに、一カ月も経ってなお、「一人だけは」と言ったのだから、秀吉は驚き、

「その一人とは誰か？」

と訊《たず》ねる。すると、三成は、

「島左近にございます」

と答えて胸を張った。島左近は、大和筒井家で家老を務めた当時の名士である。筒井家を浪人してから多くの大名が高禄をもって迎えようとしたが、自分に合った職ではないと固辞していたという。さすがに秀吉も、

「島左近ほどの者が、よくぞお前のような若造の小大名に仕える気になったな。お前は左

近にどれほどの禄を与えたのか」

と聞いたところ、石田三成は、

「二万石にございます」

と答えた。四万石の中から島左近に二万石を与えると、三成には二万石しか残らない。

さすがの秀吉もこれには驚いて、

「古来、大名と家来の禄が同じというのは聞いたことがない」

と言うと、石田三成は、

「私めは、左近を使うて次の合戦に手柄を立て、十万石にご加増していただくのも遠くないと思っております。さすれば私は八万石、左近は二万石、つりあいがとれてまいります」

と答えた。このエピソードは、石田三成が人材を集めるに禄を惜しまなかった美談として語られているが、その裏側にあるのは「次の合戦で手柄を立てご加増していただく」という成長志向、拡大確信である。

同じような話は、加藤清正にも福島正則にもある。彼らほど有能でなかった加藤光泰《かとうみつやす》に至っては、禄を加増されたのを喜ぶあまりやたら家来を増やし、大坂城下に加藤光泰の家来と称する者があふれて混乱を起こすほどになった。さすがの秀吉もこれを罰して加藤光泰を追放している。

秀吉の家来がこれなら、そのまた家来たちも同じことをする。これが豊臣家の強さの源泉でもあった。つまり豊臣秀吉が近江長浜五万石の時には、実質十万石相当の家来がいたことであろう。これで五万石分の仕事を担当すれば必ず勝てる。そういう成長が成長を呼ぶ回転を、秀吉は巧みにつくり出していたのである。最近の急成長企業と同じく、借金と先行投資を繰り返しながら、好運にも破綻しなかったといってもよい。

人事圧力シンドローム

成長志向の組織気質は、成長が続いているときには非常に大きな力になる。しかし、九州を征服し小田原の陣が完了し、九戸《くのへ》の乱まで平定して全国統一してしまうと、豊臣家はゼロサム社会に突入した。武士というのは、全国を征服してしまうと最早領地の拡大は望み得ない。これほど明確なゼロサム現象はない。

このため、豊臣家中の各大名家には失望と困惑が渦巻いた。加増を期待して雇い入れた家来を養うことができない。もちろん、各大名の家来の家でも同じことが起こっている。末端の人々まで将来の加増を前提として人生設計を立てていたのだから、武士社会全般の深刻な問題である。

これは、現在の日本の企業にも見られる現象だ。バブル景気の崩壊まで戦後四十五年間、日本経済が高度成長を続けてきたので、大抵の企業は年々売上げが増え仕事も増えるという前提で人事政策を行ってきた。社員のほうも先輩たちの経歴を見て、入社後五年経てば係長、十年経てば課長代理、二十年ぐらいで支店長に昇進、それに伴って給与も上がれば社会的格式も向上すると考えている。そしてその前提で住宅ローンを組んだり、子供の教育を考えたり、老後に備えた貯金を計画したりしている。

それが、ある日突然、今後は給与も増えなければ地位も向上しないと分かったとすれば、人生設計に大きな狂いが生じる。日本の企業が不況のとき困るのは、このためだ。

これは、成長志向の高い企業ほど著しい。その最も極端な状況が日本史上最大の急成長組織・豊臣家にも起こった。当然、何とか事業を拡大し、成長を続け、全体として禄を増やさねばならぬという組織内圧力が生じる。いわゆる人事圧力シンドロームである。

人事圧力シンドロームにいかに対応するかは、成長組織が早くから考えておかねばならない問題だ。この対策は、大きく分けると二つある。一つは成長から安定へ体質と気質の転換を図ること。このためには大幅な人員整理、事業の削減、そして社員全体に対する成長志向の抑制が必要である。当然これには社内から強い抵抗が出る。労働組合だけではなく、将来の管理職を目指すエリート、特により上位を目指す中堅管理職の反発は強い。また、事業の削減には取引先や関連企業からも抵抗が出る。従って、成長体質を安定構造に変えるためには、極めてドライな省事が必要だ。いわば縮小的リストラクチャリングを実行しなければならない。

同時に成長志向を捨てる気質の転換も欠かせない。目に見えた人数とか組織図とか事業項目といった体質の問題のほかに、社内に満ち溢れている成長志向を否定しなければならない。具体的には、成長志向の否定、つまり給与と地位を上げようとして積極的に働くことは善ではない、という考え方を植えつけることだ。これは体質改善以上に難しい。成長志向を安定志向に転換するとなれば、社員の士気が低下、社内の規律も緩み、倫理的頽廃の危険もある。従って、成長以外に何らかの倫理的目標を与えなければならない。つまり、安定志向への転換には、鮮明な理念の創出が必要なのである。

市場開発と事業多角化

もう一つの方法は成長継続の試み、つまり市場開発や事業多角化の推進である。これは安定志向への転換よりもはるかに着手し易い方向だろう。社内全員の賛成も得られるし、理念の創出も不必要だ。だが、着手し易いことと目的が達成されることとは別問題だ。豊臣家は、この着手し易い道を選び、そして滅亡するのである。

ゼロサム状況を脱して成長を継続するには、二つの方法がある。第一は手法の転換、つまり事業多角化だ。豊臣家の場合なら、それまで戦に勝って領地を拡げるという手法で成長して来たが、これを転換して戦以外で各大名家の収入を増やす方法を採ることだ。

もう一つは、従来の成功手法を他の場所で繰り返すこと、つまり市場開発だ。豊臣家では、「日本に領地を拡げる余地がないなら外国へ行けばいい、朝鮮があるではないか」という発想になった。秀吉は、愚かにも主としてこの最も安易な方法を選んでしまった。

豊臣秀吉は、なぜ朝鮮出兵という愚かな事業に手を出したのか。これは現在の歴史学でも十分に考証されていない。多くの通俗的な史書は、秀吉の野心、気宇広大な性格または大ボラ吹きの人格などにその原因を求めている。中には、息子鶴松の死とか外交使節の不遜な態度など、情緒的な動機を並べるものもある。

もちろん、そういったことが全くなかったわけではないだろうが、七年間にわたって十数万人の大軍を全国の大名から動員する大事業が、特定の個人の性格や感情的動機だけで行えるはずがない。

ところが、史書を調べても、朝鮮出兵に賛成した重臣はほとんど出て来ない。秀吉以外に責任者が存在しないのである。「失敗の責任者はいつもただ一人だが、成功の功労者は限りなく多い」といわれるが、これもその一例である。

徳川家康や前田利家は終始懐疑的だったというし、毛利輝元や宇喜多秀家ははっきりと止めようとした。石田三成、小西行長らに至っては、朝鮮出兵が始まった後も一貫して和平を求めて必死の努力をした。中でも先鋒を命じられた小西行長は、敵側と通じてまでこの軍事行動を破壊しようと謀《たくら》んだ。この事業に積極的だった者を敢えて探せば、加藤清正ぐらいだろう。

それにもかかわらず朝鮮出兵は実行され、七年間も続いたのは、人事圧力シンドロームによる成長継続志向の雰囲気が組織全体を蔽《おお》っていたからに違いない。

組織全体の雰囲気は、しばしば「時の流れ」とか「時代の風潮」とかいった言葉で表現されるが、そこにも必ず組織的原因が存在する。諸大名や奉行たちが朝鮮出兵に反対したのは本当だろうが、彼らも、成長を諦めて省事に徹するかと問われれば、それにも賛成しなかったはずだ。人事圧力を撥《は》ねのけるような決断と智恵と経験がなかったからである。

人事圧力下での選択の危険

人事圧力の下で事業拡大を求めるのには大きな危険がつきまとう。というのは、最初に「何かをやる」という結論が出ているからだ。

例えば、成長拡大を続けるための事業案がＡ、Ｂ、Ｃ、Ｄと出たとしよう。そのそれぞれについて採否を検討する場合、既に「その中からどれかを採らなければいけない」という前提が検討者の心に宿っている。しかし、実際には四つともだめな案かもしれない。けれども、結局は比較的ましと思われるものが採用されてしまう。そして、その比較的ましな案というのは大抵の場合、成功可能性が高いというよりは、着手容易性が明らかだというものになり易い。

実務の世界では、よく「現実的」という言葉を使うが、本当に現実的とは「目的を達成し易い」（目的達成性）ことであって、「着手し易い」（着手容易性）ではない。しかし、このことは往々にして忘れられ、着手容易性の方にのめり込むことが多い。そしてそれは、従来と同じ手法の繰り返し、つまり、成長体験への埋没になりがちである。

豊臣秀吉の家臣団は馬鹿でも悪人でもなかった。しかし、長い急成長に慣れた彼らの中には、成長を止めよう、成長志向を悪にしようという発想は思いもつかなかった。だから、成長継続の方法については、様々な案を考えた。その中には事業転換による多角化案もあった。石田三成や小西行長らが主張した商業利益によって大名家の収入を増やす方法、いわば軍事国家から貿易立国への転換である。そのために彼らは、朝鮮や明国との交易を拡げて、その収益を得ようと試みた。石田三成は強烈な成長志向の持ち主だったが、近江人らしい商業志向をも備えていた。

石田三成は、秀吉から領地を増やしてやろうといわれたとき、領土よりも淀川堤の葦の刈り取り権が欲しいといって許された、というエピソードがある。周囲の農民が勝手次第に刈り取っていた葦を管理することによって、葦簾《よしず》の材料として販売、一万石以上の収入を上げたというのである。農地以外の新しい収入源をみつけていこうという意識は、商業志向の発想でもある。

小西行長も堺の商人・小西隆佐《こにしりゅうさ》の息子だから、商業利益に対しては敏感だった。彼らが貿易利益、さらには加工業の振興によって大名家の収入を増やし、豊臣家全体の成長を継続しようと考えたのも不思議ではあるまい。

しかし、この案を採用すると、商業利益に参入できる石田や小西は大いに潤うだろうが、軍事的成功をおさめた従来の功労者には利益が均霑《きんてん》しない。従って、加藤清正や黒田官兵衛のような軍事専門家たちは反対した。これが前述の組織の近代化を巡る対立とも絡んで、権力闘争に発展、いわゆる文治派と武断派の対立を深刻にした。

秀吉は、この対立に対して明確な結論を与えず、両方を肯定した形で朝鮮出兵に踏み切ってしまう。自身、いずれの側にも十分な自信が持てなかったのだ。

このため、商業利益を主とする小西行長は軍隊を進めながらも和議を求めて、逃げる相手と話し合うために追いかけるという悲劇的な状況に陥る。一方、軍事的成功の継続を目指す加藤清正は、朝鮮で年貢収入の上がる領地を拡げようという不可能な目的を追い続ける。この間にあって秀吉は、憐れなまでに迷い苦しみ、時には加藤清正、黒田官兵衛らを叱り、時には小西行長を問責しつつ死んでいく。一代の英傑も、成長志向と人事圧力とを抑えることができず、成功体験に埋没してしまったのである。

安定志向への苦悶と陰惨

歴史の事実としていえば、朝鮮も明国も、日本との貿易拡大に応ずる気がなかったのだから、小西行長らの求めた貿易立国は、事実上不可能な計画だった。もちろん、加藤清正らの考えた植民地化も、住民の抵抗や風土の違い、日本側の統治技術の不足などから、たとえ軍事的に勝利しても不可能だった。つまり、いずれにしろ朝鮮出兵は成功の可能性のない事業だったのである。

当然、朝鮮出兵は大失敗に終わり、豊臣家の結束は乱れ、組織は崩壊してしまう。この結果、豊臣家は秀吉の死と共に分裂し、関ヶ原の合戦を契機として没落、消滅への途を辿る。

この跡を継いだ徳川家康は、成長体質と成長気質を否定する縮小均衡政策をとる。それを家康とその後継者は、きわめてドラスチックな方法で行った。彼らは成長志向そのものが悪であることを示すための実例教育を繰り返したのだ。

まず、関ヶ原の合戦で徳川方として活躍した福島正則、加藤清正、加藤嘉明《かとうよしあき》、最上義光《もがみよしあき》らの家を次々と取り潰した。関ヶ原の合戦で敵対した毛利や上杉、島津などが生き続けたのとは対照的に、元和から寛永にかけて最も忠実な人々の家を徳川幕府は取り潰した。これは冷酷だが、効果的な実例教育に違いない。

関ヶ原の合戦で敵対した大名の家を取り潰しても、そのときの怨みや将来の危惧からとしか受け取られない。だが、福島や加藤、最上のような忠実な大名家を取り潰せば、この原因が何だろうかをみんなが考え、それが成長志向だと思い当たるに違いない。

現在でも、不況が来てバブルに乗って土地投機をした会社が倒れても、それほど人々は驚かない。それが教えることは、投機の危険性だけである。だが、安定した大企業が真面目な先行投資や事業多角化で次々に倒産すると、世の中から成長志向が消え失せるだろう。

徳川家康とその後継者たちは、成長志向そのものが危険な害悪であることを実例で示した。さらに、大名が髭を生やすのを禁止するようなこともした。髭は強く見せるために生やすものだ。強く見せようとするのは戦場に立ち手柄を立てようとする成長志向、いわば乱を好む心理の表れだ、というのである。

この結果、大名たちは成長志向のなさを競って見せ合うようになった。前田家三代目の利常などは、鼻毛を伸ばしてとんぼを付けて阿呆を装い、とても成長を志すほどの意欲も能力もないことを表そうとしたという。

こうなると、成長可能性のない中で、武士は何のために励むのかという問題が起こってくる。この悩みに答えたのが鈴《すず》木《き》正三《しょうさん》（江戸初期の僧侶）の思想である。武士は様式を整え、人格を修養するために勤勉忠実でなければならない、というものだ。これは後に町人社会にも拡大し、日本的勤勉の根底になる石田梅岩の石門心学の源流となった新たな理念である。徳川政権は、「戦国の正義」成長志向を「治世の悪徳」好乱心理と定義する一方、新たな理念「人格のための勤勉」を創出したのである。日本史上最大の急成長組織・豊臣家の興亡の歴史は、成長組織の陥り易い危険・人事圧力シンドロームと成長体験への埋没の恐ろしさを示す好例といえるだろう。

(2) 帝国陸海軍——共同体化で滅亡した機能組織

白地からの出発

巨大な組織が短期間で滅亡し消滅した例としては、大日本帝国の陸海軍もその典型に数えることができる。明治から昭和にかけての日本帝国陸海軍の興隆は、世界史上でも珍しいほど急速であり、その滅亡もまた、きわめて急激かつ完璧だった。旧陸海軍ほど見事に何の後継組織も残さなかった組織も珍しい。今日の日本国自衛隊は、旧帝国陸海軍との繋がりを強く否定している。

日本帝国陸海軍は、明治維新直後の「明治の建軍」によって生まれた。ここでは、外国人顧問の手を借りて、理想的な機能組織がつくられたのである。

徳川時代の日本は完全非武装国家だった。徳川時代にも武士という階級はいたが、これは行政官または警察官であって軍人ではなかった。つまり、徳川時代の日本には厳密な意味での軍隊はなかったのだ。この点は明治の建軍を考える上でも重要なので、少々詳しく触れておこう。

「軍隊」の二つの定義

一つの組織が「軍隊」であるためには、二つの定義を満たさなければならない。第一は、その社会において他と隔絶した強力な武器を組織的に運用できる集団であること、つまり重武装性である。第二は、第一次的には自己の組織の中で全ての活動が完結できること、いわゆる自己完結性である。

通俗的には、武器を持つ合法的集団が「軍隊」と思われているが、それなら警察も武器を持っている。ソ連の内務省軍などは重装備であって、戦車から航空機まで所有していた。けれども、あれは警察機能の一部とされている。一方、アメリカの州兵には、機関銃程度しか持っていないところもあるが、これはれっきとした軍隊である。スイスの海軍は、ボーデン湖に浮かぶ一〇〇トン程度の艦艇しか所有していないが、立派な軍隊である。日本の海上保安庁はそれよりも大きな船を持っているが、警察である。

その違いは自己完結性の有無にある。軍隊は戦場で働くことを主目的としているから、その機能が発揮されるときには一般の行政活動や民間企業は閉鎖し避難している、と想定される。従って、自己の組織の中で一次的には全てが行われなければならない。軍隊では、橋を架けるとなれば工兵が架ける。食糧、弾薬を運ぶのは輜重兵《しちょうへい》が行う。負傷者は軍医が面倒を見る。不幸にして死者が出れば従軍僧が弔う。何よりも重要なことは、不都合な者が出れば軍事法廷で裁くことができることだ。

それに対して警察は、通常の社会が機能している状態で活動することを前提としているから、全機能を持つ必要はない。工事は民間企業に発注する。運送は民間運送会社に頼む。病人や怪我人は通常の病院か医院に運び込む。不都合な人を逮捕すれば検察庁に送付するのであって、自分で裁いてはならない。

こうした機能目的の違いのために、軍隊と警察とは組織形態も運営実態もまったく違ったものになっている。

まず第一に、軍隊は原則として兵営で共同生活をする。軍隊は事件が突発して通常の輸送機関が停止したときにも即時に動員する必要があるので、軍人は兵営において武器と共に生活しているのである。この点、警察は原則として通勤である。

第二に、共通の服装、軍服を着用している。これは、混乱した中でも存在を見分けられる必要があるからだ。加えて指揮命令のために階級と分担を示す各種の記章を付けている。大抵は「軍隊言葉」といわれる独特のいい回しをする。この点、一般人と接触の多い警察は、階級分担記章が分かり難く、言葉も地域の一般社会と共通している。

第三に、軍隊は戦闘用の大規模集団を原則とするが、警察は治安維持用の小規模分散を原則としている。軍隊の最小行動単位は通常一個小隊（約六〇人）だが、警察の勤務は一人ないし数人である。

以上の定義を当てはめて見れば、江戸時代の武士が軍人ではなかったことが明らかだろう。彼らは原則として通勤であり、制服を着用していない。何より重要なことは、江戸時代の武士に輜重兵や工兵が存在しなかった点である。

徳川の「武装解除」

日本の武士も戦国時代には軍隊だった。織田信長のころからは、荷駄者といわれる輜重兵や黒鍬者《くろくわもの》と呼ばれる工兵も出現した。ところが、徳川時代に入ると、荷駄者と黒鍬者は幕府によって禁止されてしまう。武士の機能を領国治安に限定した幕藩体制では、糧秣《りょうまつ》輸送の専門部隊（荷駄者）を必要とするほどの長距離遠征はあり得ない。戦場における築城や陣地構築もあり得ないから黒鍬者（工兵）も不要である、という理屈からである。特に寛永以降になると、軍隊編成の「組」も崩れ、集団的組織的軍事行動を行うことも不可能になった。

例えば、のちに『忠臣蔵』の舞台となる赤穂藩浅野家は、備中水谷《みずのや》家が断絶した折に、その居城松山城の接収に当たったが、このための部隊編成だけで二カ月もかかっている。また集団行動の規律を確立するため京都にいた軍学者・進藤某に「兵法の極意」を大石《おおいし》内蔵助《くらのすけ》が問い合わせている。このことから見ても、元禄時代の武士には軍隊の形骸すら残っていなかったことが分かる。徳川幕府は、見事なまでに日本を非武装国家にしたのである。

明治の建軍は、そういう非武装国家からはじまった。それ故、何らの拘束もなく、前代からの因習や伝統にとらわれずに理想的な軍隊がつくられたのである。

理想を実現した外国人顧問

近代的軍隊組織を創造したのは、いうまでもなくヨーロッパ諸国である。だが、そのヨーロッパでは、理想をそのまま実現することはできなかった。中世以来の騎士階級や社会的身分制度を完全に切り捨てることができなかったからだ。

ところが、日本の場合にはそれができた。明治の維新政府には軍事専門家がいなかったし、前代からの束縛もなかった。長州の奇兵隊などで少々軍事に関与した、という程度の人たちが将軍や提督になって軍隊らしきものを作り出したが、その段階で既に従来の身分階級にとらわれない徴兵制を敷いた。つまり、まったくの素人兵士を素人の将官たちが訓練したわけだ。このため、明治初期に日本に来た外国人顧問（ドイツのメッケル少佐など）は、自分たちがヨーロッパでできなかった理想を、この東洋の島国で実現することができた。いわば素人経営者が素人社員を集めた企業に、有能なコンサルタントがついたようなものだ。

日清、日露の戦争を戦った明治の陸海軍は、そんな素人集団だったが、それだけに何のしがらみもなしに理想的な機能組織でもあった。それが明治の日本軍の強味である。

しかし、さらに軍事力を強化し近代化するとなれば、組織の複雑さと技術の高度さに対応した多数の専門技能者が不可欠になる。このため高級軍人の専門教育機関、陸軍士官学校、海軍兵学校、陸軍大学校、海軍大学校などが設けられたのは当然である。そしてその出身者が軍首脳を占めるに従って、帝国陸海軍はプロ集団の組織に変質した。

軍事専門の教育機関が生まれると、その出身者は軍隊以外では知識と経験を発揮できない。例えば、陸軍幼年学校─陸軍士官学校─陸軍大学校と進んだ人間は、民間企業に入ると、それまで受けてきた教育の価値が半減してしまう。従って、その人たちは軍隊における終身雇用を期待する。

世界中どこでも終身雇用が徹底しているのは職業軍人と聖職者の世界だ。終身雇用だからこそ組織忠誠心は非常に強くなり、決死隊にも志願者が集まるのだ。欧米の軍隊では、決死隊は職業軍人からしか募集しない。徴兵で採った予備学生をすぐに特攻隊に仕立てたのは大日本帝国陸海軍特有の現象なのだ。欧米では徴兵で採った者を決死隊に使ってはならないというのが職業軍人の倫理となっている。

軍隊にとっては、忠誠心を強くするという意味でも、専門教育機関を発達させて終身雇用制をつくることが重要であり、必要なことでもある。ところが、そのことは同時に、軍隊以外では働けない専門家の共同体と化す危険をも孕《はら》んでいる。日本の軍隊は、日露戦争が終わる頃から、軍事専門教育機関出身者が上層部を形成、それに従って急速に軍人共同体化していった。

明治建軍当時の将軍提督は維新の志士として功成り名を遂げてから軍隊に入った「途中入社」の軍人だったから、軍人としては素人でも、個人としての権威と功績を備えていた。山県有朋などは元勲としての権威と実績があったから、陸軍大将としてではなくとも、総理大臣にも枢密院議長ともなれた。西郷従道に至っては陸軍中将から海軍大将に転任するほどの融通無碍ぶりである。ところが、軍事専門教育機関を出た人々は、そうはいかない。このため彼らは軍隊組織の拡大に生涯を賭けた。その最初の重要人物は、上原勇作《うえはらゆうさく》（元帥陸軍大将）であったらしい。明治十二年（一八七九年）に陸軍士官学校を卒業した上原は、ひたすら陸軍の組織的拡大と権限強化に努め、大正元年には陸軍二個師団の要求が否決されると、単独陸軍大臣を辞職して第二次西園寺内閣を瓦解させた。それ以降陸軍の実権を握り元帥にもなっている。

軍人共同体と化した帝国陸海軍

後に詳しく述べるが、機能組織と共同体組織は、すべてがまったく違う。本来、軍隊は国防戦闘を目的とする機能組織だが、専門教育を受けた高級将校が登場するに従って、職業軍人の共同体化がはじまった。帝国陸海軍は急速に閉鎖社会になり、機能強化よりも内部調整に重点を置くようになる。つまり組織の機能向上より、その組織に所属する専門家（職業軍人）の心地よさが重視されたわけだ。

組織の構成員が心地よく生活するためには、まず内部での競争が少ないほうがよい。それには、まず終身雇用を徹底し、次いで内部の出世競争をなくすることだ。つまり能力や実績による抜擢人事を行わず、一番分かり易く変え難い基準で栄転昇進を決めるのがよい。最も分かり易い基準といえば、まず年齢または所属時期である。従って、共同体化した組織では、年功序列人事が一般化する。

しかし、年功序列だけではすべてが解決しない。複数の同期入隊者の中で誰を引き上げるかという問題が起こるからだ。しかし、これにも分かり易く変え難い基準を採用すれば内部競争は少なくなる。その最たるものは入ったときの成績順位である。旧日本帝国の陸海軍では士官学校や兵学校での卒業成績が、将軍、提督になるまでついて回るという悪習が生まれた。特に海軍では兵学校卒業時の成績が、「ハンモック・ナンバー」と呼ばれて生涯の人事を左右した。

終身雇用の専門家共同体は閉鎖社会だから、思考が内志向になり、長期的な観察によって人事評価をすることも可能である。ここでは、文字や数字で表せる能力や実績よりも、組織内の噂や感情が優先される。能力よりも人格、得点よりも無失点、実績よりも衆望というわけだ。人事が功績主義ではなくして人格主義になるのである。

　これが進むと、上層部になる者は人格が立派でも能力は疑問だということになるから、権限は下部に分散する。下に対して厳しい発言をしない「よきにはからえ」型が好まれる。日本では、この種の人物をしばしば「人物が大きい」とか「心が広い」とかいうが、決してそうではない。凡《およ》そ専門教育を受け、何十年も一つの組織で働いた人間が、所管の事柄に意見を持たないはずがない。それを敢えて抑えて、部下に「よきにはからえ」といっているのは、余程無能か無責任か、あるいは出世のために部下の人気取りに努める小心な野心家かのいずれかだろう。

　しかし、日露戦争以降、急速に共同体化の道を歩み出した日本帝国の陸海軍では、こうした人事を肯定するエピソードまで創作した。例えば、日露戦争当時の、第一軍司令官大《おお》山巌《やまいわお》大将は大変な大人物で、すべてを児玉源太郎《こだまげんたろう》参謀長に任せて何も知らず何もいわなかったという。「児玉はん、今日はえろう大砲の音がするようですが、どこかで戦争しとるんですかな」などと言ったという話が、さも真らしく語られていた。だが、これはまったくの嘘らしい。実際の大山元帥は実によく状況を把握しており、積極的に指揮監督に当たっていた。だから児玉参謀長が旅順《りょじゅん》攻略指導に赴いた間も、大山司令部は支障をきたさなかった。実はこの話、そんな下僚任せの司令官こそ望ましいという軍人社会の期待が捏造《ねつぞう》させた「神話」なのである。

「軍縮」を怨む

組織の危険なところは、与えられたテーマが各部局にとっては究極の目的になることだ。つまり、下部の小組織に権限と任務を与えれば、その権限を司る小組織の長にとっては、自分に与えられた任務こそが究極の目的となるのである。組織が構成員の共同体となれば、これが一段と激しくなり、倫理的にも肯定されてしまう。

昭和の軍隊は、その典型だった。国全体としての目的はまったく考えないで、陸軍なり海軍なりの目的だけを追求した。そしてその目的とは、軍人共同体の繁栄と安定だった。

第一次大戦後、世界の情勢と財政的理由から軍縮が必要になった。これに対して陸海軍は強力に抵抗したが、その頃はまだ「維新の元老」が生きていて、軍を抑えて軍縮を行うことができた。つまり、国家としての総合調整機能が作動していたのである。

一九二二年（大正十一年）日本はワシントン条約によって「八八艦隊」（戦艦八隻、戦闘巡洋艦八隻）の建艦計画を放棄し、八四艦隊に縮小せざるを得なかった。これと並んで、一九二五年（大正十四年）には、陸軍も四個師団の削減を実行した。「大正軍縮」といわれるもので、太平洋戦争の敗戦までに日本が実現した唯一の本格的軍縮である。

だが、これに対する怨みは軍人社会に長く残った。軍縮当時の陸軍大臣・宇垣一成《うがきかずしげ》が、十二年後の昭和十二年に広田弘毅《ひろたこうき》内閣総辞職のあとの組閣の大命を受けたとき、陸軍将校団は結束してこれに反対、陸軍大臣の推挙を拒否して宇垣の組閣をつぶしてしまう。

いうまでもなく宇垣一成は陸軍の先輩であり功労者だ。それだけに陸軍にも多くの知人、友人がいた。中でも、当時の朝鮮軍司令官小磯國昭《こいそくにあき》中将は、かつての副官であり引き立てた後輩でもあったから、伏して頼めば陸軍大臣を引き受けてくれると、宇垣は思っていた。だが、その小磯も、宇垣の電話に「陸軍将校団の推薦がなければ受けられない」と断ってしまう。このせいか、小磯はのちに陸軍の推挙で総理大臣になっている。共同体化した組織においては、上は国家全体の目的を、下では個人的人情を捨てて、組織のためにのみ忠実なことが強いられるのである。

海軍における軍縮の怨みもこれに劣るものではない。一九三〇年（昭和五年）、ワシントン条約に続いてロンドン軍縮条約が調印され、巡洋艦以下の補助艦艇の数量も制限されるようになると、海軍軍令部はこの条約を「統帥権干犯だ」といい出し、寝台列車で割腹自殺をする将校まで出た。当時の「世論」は海軍に同情的で、それに刺激された人物によって浜口《はまぐち》雄幸《おさち》総理大臣は暗殺されてしまう。

日本の政治家が、生命がけで軍人共同体を抑えようとしたのもこれまでだ。次いで一九三四年（昭和九年）、ワシントン・ロンドン両軍縮条約の延長が問題になると、最早海軍を抑えられる者はいなかった。昭和天皇は「日本が軍縮条約を潰したといわれることがないように」と特に注意されたそうだが、結果としては、日本は単独で条約破棄を通告、建艦競争へと突っ走る。これが天皇への忠節第一と称した軍人たちのしたことである。国際情勢も財政状態も、天皇のお言葉も、まるで考慮しなかったのだ。

軍縮とは、単に予算を削り人員を削減するだけではない。軍事専門の教育機関を出た職業軍人にとっては、出世の可能性が減ることを意味している。師団長のポストや艦長の数が減ってしまうからである。そしてそれは、軍人の社会的評価をも低下させる。事実、大正軍縮の頃には、陸海軍の将校にはお嫁さんの来手がない、軍服では料理屋に入れない、といわれたほど軍人の社会的評価は低下した。軍隊組織以外では働けない専門家の悲劇である。

現在、冷戦の終焉によって米ロでは軍縮が行われているが、これは軍人の社会的地位の低下を招く点で大きな問題を孕んでいることを、我々も認識しておく必要があるだろう。

権限の拡大と機能の低下

昭和十二年以降の帝国陸海軍は、国内では「無敵」だった。もちろん、戦争に強かったという意味ではなく、官僚組織として最大の権限を持っていたという意味だ。軍部大臣現役制（現役の中将または大将でなければ陸海軍大臣になれない制度）によって内閣の生殺与奪の権力を握り、徴兵権で国民の自由を左右することができた。軍事予算は増加の一途を辿り、総理大臣には軍人出身者が相次いだ。言論界にも産業界にも圧力を加え、議会政治家の金銭疑惑を並べて、その抵抗を排除することにも成功した。

新聞はこれを熱烈に支持し議会の軍拡反対派を牽制した。ここでも「軍に睨まれると新聞が売れない」という組織保全の感覚が働いていたのだろう。

明治の建軍以来七十年にして大日本帝国陸海軍という組織は、規模の拡大と権力の強化と結束の固さにおいて極限にまで発展したといえる。しかし、この拡大と強化と固さが、職業軍人共同体によって作られていたが故に、絶対的な欠点が生まれていた。軍隊本来の機能、戦力が著しく低下していたのである。

しかし、中国大陸の前近代的な軍隊しか相手にしたことのなかった日本軍は、それに気付かず、戦力でも「無敵」と信じていた。このため、一九三九年（昭和十四年）ノモンハンでソ連軍に敗れた時には、ソ連軍の強さに驚いた。そしてそのソ連軍を独ソ戦争初期にナチス・ドイツが撃破すると、ドイツこそは無敵不敗とほれ込んでしまう。日本の軍人たちのドイツ贔屓と国際情勢の読み間違いも、もとはといえば軍隊組織の共同体化にあったのである。

戦力を失わせた成功体験への埋没

軍人共同体と化した帝国陸海軍の機能低下をもたらした原因の第一は、やはり成功体験への埋没である。日本軍の成功体験とは、日露戦争だ。この戦争で、陸軍は白兵銃剣の突撃で勝利をおさめ、旅順攻略や奉天大会戦で勝利した。海軍は日本海海戦などの艦隊決戦で圧勝した。堂々の艦列を組んだ艦隊同士が砲撃と水雷で戦った末に勝利をおさめたのである。日本軍はこの成功体験を忘れることができず、以後は何度失敗しても白兵銃剣に頼り艦隊決戦を求める。陸軍はノモンハンで敗北し、ガダルカナルで惨敗し、フィリピンやインパールでも大敗するが、なお白兵銃剣の発想を超えられなかった。

ガダルカナルでは、アメリカ海兵隊の守るヘンダーソン飛行場の奪回を目指して何度も銃剣突撃を繰り返したが、ことごとく失敗する。現地の参謀が「アメリカ軍陣地には無線ラジオを装置した音響による夜襲探知装置が張り巡らされているので、歩兵の突撃では勝てない」と報告しても、東京の参謀本部では「お前たちは勇気がないからそういうものに脅えるのだ」という一言で撥ねつけられたという。逆にノモンハンでもガダルカナルでも無謀な白兵銃剣戦術を推進した辻政信《つじまさのぶ》などは、どんどん出世する。共同体化した組織では、失敗の責任は追及されず、馬力と迎合だけが評価されるのである。

　海軍はさらに悪い。常に艦隊決戦を前提とした作戦を立て、主力兵器は戦艦だという思想からついぞ抜けられなかった。潜水艦や航空機はあくまで艦隊決戦のための補助兵器として位置付け、その特色を活かした作戦行動を採らなかった。山本五十六連合艦隊司令長官の「航空重視」も口先だけで、まったく実行を伴っていない。この悪習が集中的に現れたのがミッドウェー海戦である。

　戦艦重視の日本海軍は、航空母艦を先頭に立てて進攻したので、まず空母が敵の攻撃に曝される。山本長官には、戦艦を先頭に立てて空母を護衛させるという発想はなかったのだ。もしそうしていれば、ミッドウェー海戦でも戦艦の対空砲火が防御に役立ったはずだし、敵攻撃の警報も発せられたはずだ。何よりも戦艦群に敵の攻撃を吸収して空母を救えたに違いない。そのためにこそ戦艦は最大の防御力を備えているのである。

　ところが、山本長官は「大和」以下の戦艦群を率いて三百海里も後ろにいた。このため空母艦隊だけが敵の攻撃の矢面に立って被弾、十分な反撃ができないまま大敗を喫してしまった。恐らく、山本五十六長官の判断を誤らせた根本には、戦艦が撃沈されると海軍内部での批判が強い、という危惧があったのだろう。つまり、実質的な戦闘機能よりも内部の批判を恐れる共同体的内志向気質が全海軍に染みついていたのである。

同じような経験を、日本海軍はその後も何度も繰り返した。戦争末期の昭和十九年のレイテ沖海戦においてさえ、まだ同じ誤りを犯している。この時、第二艦隊司令長官栗田《くりた》健《たけ》男《お》中将には、軍令部からは「敵の輸送船と刺し違えるつもりでレイテ湾に突入せよ」と言われていた。フィリピンを失えば、日本内地への石油輸送が不可能となり、艦隊も航空機も役に立たなくなってしまうからだ。

ところが第二艦隊は、レイテ湾の敵輸送船団を目前にしながら、たった一つの「テキカンタイホッポウニ　アリ」という誤電を受けると、艦隊決戦を求めて反転、結局、なんの成果を得ないまま潰滅してしまった。

敵艦隊と決戦することよりも輸送船を攻撃することが大切だ、最早艦隊決戦などない時代だと了解していれば、仮に敵艦隊発見の電報が入ったとしても、反転することはなかっただろう。大勢の生命を失う敗戦を何度繰り返しても、成功体験から逃れることはできなかったのである。

環境変化への不適応

共同体化した組織が陥る第二の欠点は、環境への過剰適応だ。このことは当然、環境変化への不適応を引き起こす。日本の陸海軍もそれが著しかった。

例えば、日清、日露当時の日本海軍は、沿岸防衛用に作られていた。このため、兵站動員の思想が欠けていた。驚くべきことに、太平洋戦争の敗戦に至るまで、この体質が改善されなかった。

陸軍の場合は、日本でもまず動員令があって、それから出陣令が出る。ところが、海軍の場合は動員令がなく、いきなり出師令《すいしれい》から始まる。つまり軍艦に弾薬兵糧を積んで軍港から出撃すればよい、という発想である。

日露戦争での日本海海戦は、すぐ近くの対馬海峡で行われたので、補給の必要がなかった。これがそのまま成功体験となり、予定作戦水域が南洋諸島からマーシャル群島に拡大しても変わらなかったのだ。

アメリカ海軍の場合には、補給には特に力を注ぎ、各地点に前進補給基地を設けたし、基地設営隊の強化にも努めていた。アメリカ海兵隊が、ガダルカナル島上陸後一週間にしてヘンダーソン航空基地を完成、日本の反撃を封じ得たのは基地設営隊の装備と組織の優秀さの故である。さらに、戦争の進行と共に各種の補給専門艦艇をも建造整備する。南太平洋の艦隊に兵員や食糧・燃料・弾薬・生活用品を送配する艦艇が数多くいた。中でも威力を発揮したのは「海のジープ」と呼ばれた航空機輸送専門の軽空母だ。大抵は商船改造型で、艦載機の発艦はできても着艦は難しいという代物だが、これが航空機補給を務めたお陰で、正規空母は常時作戦海域に留まることができた。

これに対して日本艦隊は補給のたびに呉軍港を往復していたから、二カ月のうち十日しか作戦海域に居られない。これでは、艦隊が数量で優勢でも六分の五まで制海権を奪われるから、陸上部隊が餓えたのも当然だろう。共同体化した日本海軍は、作戦海域の拡大という環境変化にまるで適応していなかったのである。

創造性を拒否する内志向

共同体化が生む第三の問題は、創造性の拒否または排除である。創造力というものは、必ず少数者から出されて、従来の多数派に変革を求める性格がある。従って、共同体化した組織では、創造性は和を乱すものとして排除排撃されることになる。井上《いのうえ》成美《しげよし》提督（のち大将）は、補給充実や航空重視を主張した先見の明ある軍政家といわれているが、海軍内部では悪評を受け、「軟弱」のレッテルさえ貼られてしまう。

共同体化した組織では、構成員の目は内志向となり、共同体内部だけの多数意見（有力意見）が正義正解になる。敢えて創造性を発揮する者はいなくなり、たまに現れると異端者として中枢から外されてしまう。このため、結局は従来の経験と慣例以外は考えられなくなり、ただそれをより几帳面により過激に行う者だけが出世をする。昭和の軍人で高位に就いた者は大抵このタイプだ。そのため日本軍は、兵器の変革も作戦の柔軟性も失ってしまったのである。

資源を削る仲間意識

共同体化した組織の第四の欠点は、外部の人材を排除した「仲間ぼめ」に陥る結果、人材・技術・物資・資金をも限定してしまうことだ。

例えば、日本海軍が誇った「ゼロ戦」がそうだ。太平洋戦争開始前、日本に駐在したドイツの海軍武官が「ゼロ戦でアメリカと戦えば必ず負ける」と忠告した。その理由は、「ゼロ戦」の優れた空中戦闘性能を発揮できるパイロットを養成するためには一二〇〇時間以上の訓練が必要だから、大戦争ではパイロットの補充が追い付かなくなるという点にあった。これに対してドイツのメッサーシュミット戦闘機は航続距離と運動性を犠牲にして三〇〇時間で習熟できるように設計されていた。

しかし、日本海軍の専門家たちは、この忠告を無視した。「戦闘機を乗りこなせるのは俺たちだけだ」という専門家仲間の誇りが「素人に使い易い」などという条件をむしろ嫌悪したのである。だが、結果はドイツ人の忠告通りになった。パールハーバーからサンゴ海海戦までは連戦連勝の日本軍も、ミッドウェーで一敗すると、たちまち熟達のパイロットが不足、航空部隊は再建不能に陥ってしまう。

これ以降の戦いでは、未熟なままのパイロットを複雑な名人芸を要する「ゼロ戦」で出撃させ、人員と機材を大量に失い続けることになった。太平洋戦争の全期間を見れば、喪失した飛行機の数は、米軍一に対して日本軍二〇以上にもなっている。

日本軍が太平洋戦争で敗れたのは、決して物量だけではない。こういう共同体化した組織の欠陥が明確に表れたわけである。

共同体化を防ぐ組織の揺らぎ

これに対してアメリカ軍の場合には、共同体化を防ぐために「組織の揺らぎ」を定期的にかけていた。日本軍がガダルカナルで戦った相手は第一海兵師団だが、この海兵隊こそ組織改革によって再生された軍隊だった。

第一次大戦が終わったとき、アメリカでは海兵隊廃止論が出た。従来、カリブ海あたりで戦争することを前提としていたアメリカ軍が、第一次大戦以後、大陸で戦争するようになり、海外派兵も陸軍で十分、特に海兵隊を置く必要がないのではないか、という疑問が出た。つまり、海兵隊と陸軍との差別化ができていない、というのである。

陸軍に吸収される危機に直面した海兵隊は、約十年間、七転八倒の苦悩をする。その結果、新しい組織原理を考え出した。それは小規模ワンセット主義、つまり、陸軍でも海軍でも空軍でもなしに、小規模ながらあらゆる機能を備えた緊急派遣のできる編成である。

このため海兵隊には航空機も戦車も上陸用舟艇もある。そしてそれだけの機能を少人数で発揮するために、あらゆる兵士が二つ以上の専門技能を持つ、というコンセプトを創り上げたのだ。

従って海兵隊では、航空機のパイロットが戦車も操縦できる、通信兵でありながら歩兵戦もできるという複数任務を果たせる者を養成した。それには長期の訓練が要るから、全員志願兵だけで斉《ととの》えることにした。

ガダルカナルに上陸したのは、僅か一個師団だったが、機能は高かった。これを日本軍は見落として、敵を侮った。日本陸軍が兵力の逐次投入の愚を犯したのはこのためである。

組織に揺らぎを与えることは、共同体化を防ぐためには不可欠だ。アメリカ軍は大体二十年に一回ぐらいの割合で大規模な「組織の揺らぎ」を与えることをしている。それができるのは、政治のコントロールが効いているからだ。官僚主導型の国家では、官僚組織に「揺らぎ」を与えるほどの上部権力がないので、極めて共同体化し易いのである。

個の優秀さもマイナスに

共同体化した組織では、個人の有能さが全体の害になることがしばしばある。戦争前、全国の最も優秀な青少年が軍人を目指し、陸軍幼年学校や海軍兵学校で厳しい訓練を受けた。だから、能力、人格の点で日本の軍人が諸外国に比べて劣っていたわけではない。また、徴兵で召集された一般兵士も、個人としては実によく戦った。命令には従順、規律は厳格、辛抱は強かった。

しかし、こうした個の優秀さも、組織の共同体化が進むとむしろマイナスに働く。各部分組織の構成員が有能であればあるほど、その部分組織の目的だけを追求して譲らないので、総合調整がますます困難になるからだ。

各課長が全て有能で、上手に理屈をつけ熱心に要求してくると、どれも削れない。結果としては総花主義に陥り、組織の機能が低下するのである。

全員が優秀で終身雇用で閉鎖的な組織ばかりが並ぶと、全体の基本方針の策定と総合調整の実施が不可能になる。個人の有能さが組織の硬直さを増す結果になるわけだ。

ところが、世の中では、組織に属する個人が優秀なら、その組織は優秀だと錯覚し易い。しかし、優秀な個人を集めた共同体化した機能組織ほど危険なものはない。旧帝国陸海軍の無惨な敗北は、それを物語っている。

(3)　日本石炭産業——「環境への過剰適応」で消滅した巨大産業

消え失せた「花形産業」

東京大学には、かつて「就職の栞《しおり》」というガリ版刷りの冊子があった。それには、前年度の卒業生がどんな官庁・企業に就職したか、成績表と共に記されていた。今年の卒業生がどこを受験すれば合格するか、自分の成績と照らし合わせて判断するための資料である。まだ産業の復興が十分ではなく、東大卒といえども就職競争が激しかった一九六三年頃まで学生たちが重宝がったものだ。のちに「リクルート社」を興す江《え》副《ぞえ》浩正《ひろまさ》氏も、その頃の学生だったから、案外これが事業のヒントになったのかも知れない。

　さて、この「就職の栞」の一九五〇年前後の版を見ると、かなり好成績の東大生が集中している業種の一つが、石炭産業であったことが分かる。当時の石炭産業は正に「花形」、全国所得番付けでも、ベストテンの半数以上を石炭業者が占めていた。企業の利益も大きかったし、社員の待遇もよかった。もちろん、大手石炭会社は知名度も高かったし、伝統もあった。組織も大きく、全国津々浦々に石炭販売網ができていた。石炭販売業者の中には地域の有力者も多く、政治力も抜群だった。

ところが、この石炭産業、僅か二十年後にはほとんどの企業が斜陽化し、四十年後の今では、経営的に石炭で成り立つ企業は皆無といってよい。技術の進歩や需要の変化で、消え失せた業種業態は少なくない。が、かつては国民経済の重要産業であり、多くの高収益企業が数多く存在した業界が、業種業態としてだけではなく、企業もろとも完全に消滅してしまったというのは、世界の近代史にも珍しい。日本の石炭産業には、業種転換に成功して発展した企業がほとんど皆無である。

どうしてそんなことになってしまったのか。その最大の理由は、「環境への過剰適応」にあったといえる。資産も伝統もある立派な組織が滅亡していった第三のケースとして、戦後の石炭産業の盛亡を見てみよう。

政府の保護で大発展

日本の石炭の歴史は古い。既に奈良時代には各地から「焼け石」が朝廷に献上されたという記録がある。十七世紀末（元禄時代）からは「筑紫の焼け石」が中国地方の製塩や製鉄にも使われていた。薪炭不足に悩み出していた中国地方の塩業地などが森林資源を失わずに済んだのは、このお陰である。

しかし、日本の石炭産業が大成長したのは明治以降、近代産業のエネルギー源として政府が保護育成し、増産を助成するようになってからである。明治・大正の時代には、巨額の財政資金を投入しただけではない。鉄道・港湾などの公共施設も建設したし、労務管理にも特例を黙認していた。このため一方では「鉱山師《やまし》」が華やかな散財を行い、他方では『花と龍』などに見られる仁侠道も栄えた。昭和になると、朝鮮などからの低賃金労働も投入され、治外法権的経営さえも許されていたといわれている。

石炭産業こそは、日本資本主義の初期資本蓄積の温床だった。それだけに三井、三菱、住友などの財閥でも石炭会社の格式は高かった。日本万国博が開かれた一九七〇年には、まだ旧財閥系の出展グループでも石炭会社が上席に座っていたものだ。

日本の石炭生産のピークは、一九四〇年（昭和十五年）の年産五七三〇万トンで、それ以降は戦時経済の資材不足で生産は減少した。しかし、太平洋戦争敗北直後には急速に復興、四〇〇〇万トンを回復した。当時は、国産の唯一のエネルギー源として、石炭は「傾斜生産」の最大の対象となり、可能な限りの財政資金が投入されていた。石炭振興政策は、食糧増産と並ぶ「二大国策」だったのである。

一つの産業を振興するためには、その産業の利益率を高めなければならない。石炭会社は高収益を保証され、石炭鉱業権は他の土地利用より優先された。このため石炭は「黒ダイヤ」といわれるほど利益が上がった。労働賃金も比較的高かったし、社員の待遇もよかった。全国に張りめぐらされた流通網も強力で、独占的な利潤を上げることができた。東大生が好んで石炭産業に就職したがったのも不思議ではあるまい。

経済的経営的に恵まれていただけではない。政府の強い保護のもとで、経営者も労働組合も政治力を高めた。石炭経営者は、その経済力によるだけではなく、国家の重要産業を司る立場でも強力な政治力を備えたし、五〇万人の組合員を擁する炭労は日本最強の労働組合として労働界と進歩的政党に絶大な影響力を誇っていた。いわば与野党共に石炭の圧力には抗し難い状況だったのである。

一九五〇年代に大論争となった「炭鉱国家管理問題」は、こうした中で保守・革新が激突した政治事件である。石炭産業は、政府が産業物資を統制するモノ不足社会に最も適合した体制を築き上げていたわけである。

忍び寄る世界情勢の変化

ところが、一九五〇年代も後半になると、様相が変わり出す。その第一は、世界的なエネルギーの流体化革命、つまり石炭から石油・天然ガスへの転換である。

日本が太平洋戦争と敗戦の混乱で孤立していた一九四〇年代から五〇年代にかけて、世界では人類史上稀に見る鉱物の大発見が行われていた。中東における巨大油田の相次ぐ発見開発である。この結果、世界の石油需給は著しく緩和し、価格も急落した。エネルギー源というものは、容易に転換できないが、一旦転換がはじまると急激に変化する。この現象が一九五〇年代の世界で起こっていたのである。

近代工業では、大量生産が価格を引き下げる。新技術新製品は、登場した当初は大量生産ができないので価格が高い。それでも、他に代わるものがなければ特定の裕富な人々やそれで営業を拡げる企業などが買うので、少しずつ市場が拡がる。それをテコに徐々に生産規模も拡大、価格も下がる、これがまた需要を拡大、一段と大量生産が進むという経路を辿るのが普通である。

例えばカラーテレビが日本ではじめて出た頃には五〇万円もした。当時のサラリーマンの給与の一年分を上回るほどだったのだ。それでもカラー受像機を買う以外にカラー放送を見ることはできないから、所得の高い人々の層やホテルのロビーには設置された。これで生産台数が月産一万台になれば、大量生産化が進み、価格も三〇万円台になり、重役級の人々なら買えるようになった。その結果月産一〇万台となり、二〇万円台に値下がり、課長クラスも買った。これがまた大量生産を促し、一〇万円台になり一般庶民もどんどん買い出した。自動車も水洗便所も電卓も、そのようにして普及したのである。

しかし、エネルギー源はそうはいかない。石炭も石油も原子力も太陽光も、熱や電力になってしまうと同じだ。「太陽光発電の電力だから、高くとも買ってやろう」という奇特な人はいないのである。

戦前、石油価格が高かった時には、誰もが石炭を使ったので、石炭の流通網は完備していたし、石炭用のボイラーの生産数も多かった。化学工業も安価な石炭を原料とし、その技術と装置は進歩していた。戦前石油が使われていたのは、石油でなければ動かない内燃機関、自動車、飛行機、船舶などに限られていた。

ところが、石油価格が低下し石炭よりも有利だとなれば、誰もが一斉に石油に切り換える。そうなれば、石油の輸送流通にも大量生産効果が発揮されるので、ますます石油が有利になる。油槽船《タンカー》の急速な大型化、精油所の消費地立地と大規模化、配油貯蔵タンクの完備などがそれである。今度は「伝統ある石炭発電の電力だから」と使い続ける人はいなくなってしまう。中東での大油田の発見と、それによる石油価格の下落は、石炭と石油の立場を逆転させ、一挙にエネルギー源の転換を引き起こしたのである。

だが、日本の石炭産業はこのことを十分理解しなかった。当時の日本は外貨不足だったので、外国から無制限に石油を買うわけにはいかないから、国産石炭優先の政策が続くと信じていた。政府の保護のもとで発展し、巨利を博して来た石炭産業の労使は、モノ不足外貨不足の戦中戦後の環境に過剰適応していたため、国際的視野が欠落していたのである。

労働需給でも読み違い

同じ頃、日本国内でも大きな変化が起こっていた。産業の復興に伴って労働需給が逼迫、賃金の上昇が進み出したのだ。

日本は、歴史の大部分を通じてモノ不足ヒト余りの社会だった。石炭産業が成長した明治・大正の時代もそれが著しく、ヒトだけを使って地中からモノ（それも唯一の国産エネルギー源）を掘り出す石炭産業は、エネルギー源を供給するだけではなく、過剰人口の雇用という面でも有難い産業だった。

それだけにここでは、特例的な労務管理も許されており、資源の地域的限定とあいまって、集団的な居住が行われていた。その意味で石炭産業は政治的であると同時に地域的でつためにも政治（政府）は産炭地を見捨てることはできまい、という自信があったのだ。

だが、この点でも一九五〇年代には環境が急激に変化していた。一九五〇年代中頃からは、繊維産業や電機産業が復興、徐々にヒト不足社会が生まれつつあった。外国からエネルギーの流体化革命の波が押し寄せつつあった頃、日本国内でも集団就職や縁故募集に、企業の労務担当者が地方の中学を走り回る状況が生まれていた。終身雇用が日本企業の慣例となり出すのも一九五六年頃からである。

こうした状況の中では、政府も経済界も、石炭産業の雇用力をかつてほどには評価しなくなっていた。炭鉱労働者やその家族の中にも、限られた炭住生活よりも、華やかな都会に憧れる者も増えた。特に若年層の流出は顕著で、「労働者の生活を守るために」という石炭産業保護論も説得力を失いつつあった。

石炭労使は、この点についても理解を欠いていた。自己の政治力を過信して、政府も「石炭を潰すことはできない」「産炭地域を見捨てるはずがない」と信じ続けていた。ヒト余りモノ不足社会に過剰適応していた石炭産業は、環境の変化を知りたくなかったのかも知れない。

政治力への過信

実際、石炭産業が蓄積して来た政治力は、衰退期においても巨大な利益を石炭産業にもたらした。政府は、社会党などの要求した「炭鉱国家管理」による国営化こそ拒否したが、巨額の補助金と財政投融資を行った。一九五五年には「石炭鉱業合理化法」を制定、合理化、オートメーション化に多額の資金が注入された。一九六三年から八二年までの二十年間に、石炭産業に投入された国費（税金）は一兆七六四二億円、財政投融資は四六四〇億円にのぼる。今日の貨幣感覚にすれば五兆円、国家予算との比率で見れば七、八兆円にもなるだろう。

同時に、この財源のために、競合エネルギーの石油には、輸入関税がかけられた。石油の価格を高くして、石炭に補助金を出したのだから、競争条件の変更は大きい。

だが、何よりも凄まじかったのは一九五五年から施行された「重油ボイラー規制法」である。石炭の市場を確保するために、工場ばかりか大都市のビルや銭湯まで重油ボイラーを設置することが原則禁止されたのである。このため、工場地帯も都心のビル街も煤煙に包まれ、人々は煙臭い空気を吸わされたものだ。この間、日本で産出しない特定の原料炭を除いては輸入が禁止され、石炭価格がべらぼうな高値で維持されていた。当時の石炭は

「掘れば儲かる価格」で、政府が押し売りしていたのである。

それだけではない。石炭産業と産炭地の振興のために、産炭地には公共事業が集中的に投入された。収入の十五倍も費用がかかるといわれた「最大の赤字線」北海道の白糠線も、石炭輸送と産炭地振興のために建設されたものである。政府は流通輸送や地域振興の面からも、石炭産業を保護し、「年産四〇〇〇万トン体制」を維持しようとしたのである。

中味の改善・仕組みの保全

しかし、こうした資金援助や需要確保政策も、結果としては石炭産業と石炭企業を救うのには役に立たなかった。石炭企業は、補助金や財政資金を石炭採掘の改善と政治運動に使い果してしまったからである。

例えば、石炭採掘の合理化のためには、数多くの縦鉱が掘られた。アメリカやドイツに研修生を派遣し、進歩した技術を導入しようともした。大型機械も採り入れたし、水流に混ぜて石炭を運搬する「スラリー法」の実用化にも多額の資金を使った。同時に、賃金の引上げや、安全施設の強化も進んだ。年功賃金が一般化し出した戦後の日本では、成長が止まった石炭産業は高齢化が著しく、高賃金産業になる運命にあったのである。

真に不思議なことだが、敗戦直後にはあれほど豊かな資金と大きな利益と全国にわたる組織と一流大学卒の優秀な人材とを集めたはずの石炭産業の中から、石油その他の分野に乗り出した企業は皆無である。もし一九五〇年代前半、まだ政府の補助に頼らなくとも大儲けできた時期に、大手石炭会社が石油の精製販売に乗り出していたなら、今日の大手石油会社など足元にも及ばない巨額の投資ができたはずである。各地の石炭販売網を利用すれば、ガソリン・スタンドの配置も容易だっただろうし、あれほどの政治力を活かせば政府の許認可も得られたはずである。土地不動産業や大型観光業など、もっと遅れていた分野に出ていれば、より大きな成功が収められたに違いない。

要するに、石炭産業は、採掘技術や運送方法など中味の改善には努力したが、業種業態を変える仕組みの変更には手を付けなかった。石炭産業全体が、経営者も労働組合も、所管官庁も地元の自治体も、石炭産業が繁栄したモノ不足外貨不足の「国産資源重用時代」に過剰適応していたため、石炭以外の分野には知識も関心もなく、他分野への投資や多角化の方法も思い付かなかったのである。

当時の石炭会社の経営陣は、政治、労務、技術の専門家から成っていた。ヒト余りモノ不足の環境にふさわしく労務重視販売軽視の体制だったのだ。そしてその技術は石炭採掘の鉱山技術と石炭化学に限られていた。これでは、たとえ石炭会社が巨大な資金と組織を持って他分野に進出したとしても、石炭産業的発想と組織をそのまま持ち込んで失敗していたに違いない。このことは、のちに石炭会社が細々と観光業などをやり出した時に現実のものとなった。

得意体質の強化に走る過剰適応性

ある環境で発展した生物は、環境変化に曝されると自らの体質的特色、いわば得意の体質を一段と強化することで危機に対処しようとする。人間の組織も同様で、環境の変化で危機的状況になると、これまでの環境で有利だった体質を一段と強めることで生き残ろうとする。特定の環境に過剰適応した組織は、その特色が顕著なだけに、それが著しい。日本の石炭産業も、その例外ではなかった。

日本の石炭産業の得意体質とは、政治的保護の獲得と地域的密着性、安価な労働力の大量使用である。一九五〇年代後半、存亡の危機に立った石炭産業の各企業は、この得意体質をますます強化し、政府依存と地域密着性を高め、労働力多用体質からも抜け出せなかった。六〇年代に入って赤字構造が明確になり、政府の資金援助と政治的需要確保で辛うじて生き続ける状況になっても、石炭会社の経営者の中には、政治家のスポンサー面を続ける者もいた。

石炭会社の中にも、ようやく観光業などへの進出を考えるところも出た。常磐《じょうばん》ハワイアンセンターのような温泉プールを造った会社もあれば、観光ホテルを建てた会社もある。しかし、ここでも石炭の得意体質であった地域密着性が災いした。観光のための最適立地を求めるのではなく、保有する産炭地の不動産活用の範囲にとどまった。これでは企業というよりも、公共団体である。

何よりも大きな欠点は、人手温存体質だ。時あたかも高度成長時代で石炭労働者にも再就職の機会は十分にあったが、企業も組合も積極的に人減らしをしようとはしなかった。一九六〇年代の政府の石炭政策は、モノ不足外貨不足時代の発想そのままに、まず全国の生産量を決め、それを満たす体制（例えば三〇〇〇万トン体制）を作るために少数の炭鉱に生産を集中し合理化する、というものだった。政治力に頼り政府の資金援助に依存した石炭会社は、この政策にはまり込んでコスト意識を失った。このため、人員削減も炭鉱閉鎖も後手後手に回り、どうしようもないほどの赤字が出たあとではじめて生産目標を改定（引下げ）する形になった。

しかも労働組合は、この「少なめの人員削減」にも大反対した。彼らの中には、ストライキとデモ行進で市場経済原理に反する要求がいつまでも通るという錯覚さえあった。一九六〇年、向坂逸郎《さきさかいつろう》氏らに指導された「三井三池闘争」は、その頂点をなすものである。

敗北が絶滅に繋がる

しかし、世界のエネルギー革命と日本の社会環境の変化が、さしもの石炭産業の政治力をも打ち破る時がやって来た。まず、世界のエネルギー革命の進行によって、石油の大量生産効果は急激に進み、国産石炭と輸入石油との価格差は極端に開いてしまう。このため、あまりにも高価な国産石炭を使用していたのでは製造業全部が国際競争に遅れ、輸出拡大が不可能だという問題が生じた。

この結果、政府（当時の通産省）は「重油ボイラー規制法」の特例として、輸出産業にのみ安価な重油の使える重油ボイラーを許可することにした。そしてそれはやがて電力料金や鉄鋼、非鉄金属の価格問題にまで拡まり、次々と壁が破られてしまった。

加えて一九六〇年代中頃から公害問題が発生、大気を汚染する石炭ボイラーこそ規制すべきだ、という大衆運動が湧き起こった。これは、重油ボイラーを規制し、石炭を焚かすことを「正義」としていた従来の政策と真向から対立する動きである。

古来日本は、政治が「世論」の声に動かされ易い国だ。徳川時代の中でも最も独裁的だった五代将軍綱吉でさえ、『忠臣蔵』のモデルとなった赤穂浪士の刑罰には民間学者の意見や巷の落書を参考にしたほどだ。同じ頃フランスのルイ十四世が、大砲の砲身に「王の最後の言葉」と書かせていたのとは大違いである。

そんな日本で公害防止の世論が湧き起こったのだから、さしもの石炭産業の政治力も通用しなくなった。通産省は石炭業界の意向と権限意識から「重油ボイラー規制法」の廃止には強く反対したが、大都市や工業地域全域に特例許可を拡げねばならなかった。こうなると、国内での地域格差を長く維持することはできない。工場密集地域に有利な重油ボイラーを許可し、過疎地域にだけ不利な石炭ボイラーを強要することを、各地の政治家や自治体が了解するはずがない。この事実が知れわたった結果、一九六七年に至って、この法律は廃止されてしまう。石炭産業は、最後の政治の砦を失ったのだ。

それでもなお、石油には二〇パーセントの輸入関税が課され、その税収のほとんどが石炭の保護と援助に使用する「石炭石油特別会計」制度は残っていた。だが、これによってバラ撒かれた資金の多くは、閉山が地域と労働者に与えるダメージを補うために使われた。それは最早、安楽死の苦痛を和らげる麻酔に過ぎない。

ヒト余りモノ不足の統制経済の環境に過剰適応した石炭産業は、政治力の戦いで一敗すると、たちまちにして全企業が実質的に死滅することになったのである。

一九九三年現在、日本の石炭生産量は、年七九三万トン、最盛期の一四パーセントに過ぎないが、それもごく限られた鉄鋼、電力会社に半強制的に買われているだけだ。石炭産業の従業員は七三七二人、戦後の最盛期五二万人を数えたのに比べると、絶滅に近い。いや恐らく、数年後には本当に日本の炭鉱はゼロになってしまうだろう。戦後隆盛を極めた石炭会社で、今も配当を続けている企業は皆無である。僅かに石炭会社の子会社として発達したセメント会社や観光会社が、まったく別会社として生き続けているに過ぎない。組織としての石炭産業は、既に絶滅してしまったのである。

第二章　組織とは何か

取り残された学問領域――「組織」

人間は社会的生物だから、早くから組織を作ったことは間違いない。特に現代社会は、すべてが組織で動いているといえる。ところが、組織についての研究は、実はそれほど進んでいない。

人間については、太古の昔から多くの哲学者や宗教家が観察し研究して、様々な「人格改造」を提言してきた。また、人体という物理的存在に関する研究も古くからあった。医学は最も早くはじまった科学である。

それに比べると、人間社会においてきわめて重要な役割を担って来た組織の研究は、驚くほどに少ない。例えば、歴史学の中でも組織史は最も研究の遅れた分野であり、現在に至るも組織史の体系的専門書は皆無といってよい。

世にあふれる書物の中から組織史らしい部分を探し求めても、大抵は十八世紀、古いものでも十六世紀の商人組織や官僚機構からしか記述されていない。

軍事組織や政治組織、あるいは宗教組織など、様々な組織が文化の発生と共に起こったが、その構造の変遷や機能の変化を系統的に分析したものはまだできていない。知り得るのは、政治史の付録のように書かれた中国歴代王朝やヨーロッパ史上の二、三の国家の機構図とその解説ぐらいである。幸いにも、古代エジプトの「王家の谷」や奈良の大仏の造営組織はある程度分かっているが、これらを体系的な歴史として捉えた研究は見当らない。ましてや組織の生理または病理について詳しく研究したものはほとんどない。今日、「組織論」として言われているのは、大半が行政や企業の組織を管理制御する方法や一時的活性化手法であって、組織の本質に迫る研究ではない。

現代の世の中で組織の重要性を知らない者はいないだろうに、なぜその体系的研究は乏しいのか。その原因の一つは、組織史の史料的限界だろう。組織は人間の関係によって成り立っているので、遺跡遺物がほとんど残らない。美術史や科学史は、物的証拠が多いが、組織史にはそれが乏しい。文献の面でも役職名や組織図が出てくる程度である。しかも文献に登場する役職名や機構名も、その名にふさわしい機能を持っていたという証拠にはならない。

例えば、平安時代の律令体制は、中国唐朝の組織を模して完備した機構を備え、太政大臣以下、左大臣、右大臣、大納言、少納言、各国の国司（国の守）などが漏れなく置かれていた。だが、それらが現実に機能していたとは限らない。小説『源氏物語』に登場する光源氏は内大臣、つまり副総理格だが、それにふさわしい政治活動や政策論議はまったく出て来ない。津田《つだ》左右吉《そうきち》博士が指摘したように、光源氏は架空の人物だが、平安貴族の一つの典型でもある。もし、平安時代の政治行政組織を、律令制度の組織図から論じれば空想的な結論に達するだろう。

同様のことは、程度の差こそあれ、すべての歴史時代にあてはまる。このため、物的証拠を重視する近代の実証歴史学では、組織史はあまり発達しなかった。

しかし、それ以上に重要なことは、現代人が近代的な官僚組織や企業組織にしか興味を持たず、組織の本質論に迫ろうとする学問的関心が薄かったことだ。誤解を恐れずにいえば、今日においても学問に関心の深い人々は非組織的であり、組織の内情に通じる人々は実践的で学問的興味が薄い。組織の歴史や本質、抽象化された組織の生理と病理などに深い興味を持って追究する暇と情熱を持つ人は少ない。このため、組織の問題は常に実利的実践的にしか行われなかったのではないだろうか。

しかし、われわれが今、歴史の発展段階の大転換期を迎えているとすれば、十八世紀以降の近代的な組織、つまり近代工業社会における組織の研究だけで十分とは思えない。

ここではまず、時代と体制を超えて、組織の本質について考えてみたい。

(1)　組織の要素

構成員・共通意識および規範

組織とはどのような要素で構成されているものか、まず第一には、組織を構成する人間、つまり構成員がいる。このことは、誰にでもすぐ分かるが、では、どういう人間が構成員かとなるとかなり難しい。

例えば、宗教団体や社団法人の場合、信者とか社員とか呼ばれる人々は多くとも、その大半は何の活動もしていなければ参加意識もない、という例が珍しくない。何かの都合で名前を貸しただけという人もいれば、かつての情熱を失った人もいる。単純に名簿に名前が出ているのが「構成員」というわけにはいかない。

逆に、企業組織のような場合は、毎日出勤して給与を受け取っている者だけが構成員かというと、必ずしもそうではない。退職した元社員、株主、子会社、代理店、取引相手、メインバンクなど、企業組織に利害と関心と影響力を持つ人間の輪は何重にも拡がっている。逆に、形の上では毎日出勤して給与を受け取っていても、実は構成員として機能していない社員がいる。

宗教団体、政治団体、企業、官庁、軍隊、あるいは地域コミュニティや家族など、その組織の性格と機能によって、構成員の定義も一定ではない。組織には「構成員」が存在するが、その定義なり資格なりは決して単純でない。それは組織が単なる集団、つまり「人間の群れ」ではないことをも示している。

組織の第二の要件は、何らかの共通の目的と共通の意志が存在することだ。一つの人間集団が組織といえるためには、何らかの分野について特定の目的を達成しようという共通の目的か、組織外の人々と峻別する共通の意識が存在しなければいけない。

例えば、宗教団体が組織であるためには、我々はAという宗教を信仰し、これを信仰していない人々とは違うという意識が必要だ。ある会社に所属している社員には、その会社に従業して、その会社の事業目的を達成しようという共通の意識がある。それが失われたとすれば、会社は最早組織として機能しないだろう。

第三に、組織には一定の規範が必要だ。いわば倫理と美意識の共通性である。ある行為またはそれが生んだ結果を、善か悪か、正義か悪逆か、美しいか醜いか、組織においては一致した認識と評価が存在しなければならない。実は、この共通の倫理観と美意識の存在こそが、組織の特徴であり、単なる集団や群れと組織とを区別する重要なポイントなのだ。

単なる意識あるいは目的であれば、ただの群れにも起こることがある。牛やネズミの群れが一斉に一方向に走り出すことがある。狼の群れが一頭の野牛を襲う、ある人間集団が群集心理で一斉に同じ行動を起こす、そんな時には、確かに共通の目的や意識は作用している。だが、それだけでは組織とはいえない。そこには共通の規範もなければ、それを形成する美意識と倫理観の共通性もないからである。このことは、巨大で重層性を持つ組織を、実質的にはどこまでを一つの組織と見るかという問題でも、重要な意味を持っている。

例えば、日本政府というのは一つの組織だが、その中にも大蔵省とか通産省とかいう組織がある。そしてその大蔵省にも本省各局や国税庁などの組織がある。こうした巨大で複雑な重層性を持つ政府（行政府）が、一つの組織としての実態を持っているのか、「省あって国なし」なのか。これを判定するのは、どの範囲にまで共通の規範が通用するかにかかって来る。実は前述の「構成員」の範囲も、これと深く関係しているのである。

命令、役割および情報共通性

第四に、組織という以上は、命令と役割が存在する。従って、組織には必ず命令の権限と役割を全うする義務が付きまとう。しかし、このことを特定の個人が命令を下し、他の構成員が役割を果たす義務を負うという権限ヒエラルヒーに限定してはならない。家族や地域社会などの共同体的組織においては、命令権者が役職として指名されていないのが普通だ。それでも常に何らかの形で意思決定が行われ、それに反逆する者には不利益が与えられる。こうした場合も、その共同体は単なる群れとしてではなく、組織として存在し活動しているのである。そんな曖昧な形での命令権限と役割義務が発生してしまうところに、組織の難しさがある。

組織の第五の条件は、共通の情報環境である。例えば、ある宗教団体に属している人は、その宗教団体特有の情報を得、そこに所属しない人々とは異なる情報環境に置かれる。この神をこのような儀式で礼拝をすれば商売が繁盛し、家内が安全で、来世の幸せが得られるといった情報を得るわけだ。また、日々その宗教団体での行事なり儀式なりの情報も伝わってくる。こうした情報共通性が途絶えたならば、もはや組織としての実態は存在しない。また、たとえ雑誌や手紙で情報が送られていても、積極的な関心を示さず認識しない者は、「構成員」ではなくなったというべきであろう。

従って、形の上では一つの組織であっても、異なる情報環境が生まれ、異なる規範ができたとすれば、その組織は分裂したといわねばならない。つまり、共通情報が互いに常に入ってくる状態、一時的な錯誤や錯覚はあっても長期的には共通した情報環境があり、それが構成員以外とは違うということこそ、組織が組織である必要条件なのである。

「永田町」は政治業界組織？

以上の五つの要素を完璧に備えたものが典型的な組織である。そしてそれが強いほど、組織としての存在が明確になる。従って、前述の構成員範囲も、この五つの要素を満たしたものを完全な（または中核的な）構成員と呼ぶことができる。しかし、現実にはその周辺にマージナルな構成員が存在し、組織の臨界分野、つまり裾野を形成している。以上のように、組織には主観的な部分も相当に入ってくる。このため、あるべきではない組織、客観的には見えない組織が実存することもある。

例えば政治家の集まる永田町（国会周辺）。ここにはいつの間にか政治業界団体ともいうべき組織ができてしまっている。新聞紙上によく出る「永田町の論理」といわれるものは、他の一般社会とは区別された政治業界の「共通規範」だ。この組織の中核的構成員は国会議員、次は議員の秘書たち、裾野は熱心な支持者や新聞記者、地方議員や一部の官僚などである。彼ら議員や秘書たちの間には、一般国民には知られない噂話や人事情報が飛び交う。ここでの問題は、この業界組織が各党国会対策委員会などを通じて共通の意識ができ役割分担をしていることだ。

野党は「絶対反対」を叫び「厳しく追及」するというが、それも一種の役割分担、最後は適当に矛を収めることで政治家としての地位を守る「共通の目的」を実現しているのである。世の中には、こんな不文律による組織が沢山ある。企業や官庁の中にも、それはよくできる。従って、社会を考える者は、あるべき組織の良化だけではなく、あるべきでない組織の解消にも注意しなければならない。

(2)「良い組織」とは

大きさ——フローとストック

組織を運用する人々は、みな自分の組織を「良い組織」にしたいと思うだろう。では、「良い組織」とは何だろうか。これもまた易しいようで難しい問題である。

一般に、「良い組織」といわれるのは、大きな組織、固い組織、強い組織の三種類がある。つまり組織の良否を測るのは、「大きさ」「固さ」「強さ」という三つの尺度があるわけだ。

まず、大きな組織とは何か。それは組織を形成するヒトと、モノやカネと、情報の三つが多いことだ。ただ、その「多い」というのにも、数が多いのか質が濃いのか、フローが多いのか、ストックが多いのかの別がある。例えば、現在ただいまの構成員の数が多い。固定資産や預金が多い。情報量が多い。これらは確かに組織の大きさを示す尺度である。しかし、常に大勢の人々が関与している、多くのカネが動いている、あるいは多くの情報が入ったり、出ていったりする、蓄積はしていなくても流動が多いというのも組織の大きさであろう。

つまり、組織の大きさという場合にも、ヒトの数か、モノやカネの量か、情報の多様性かの三面があり、そのそれぞれについて蓄積か流動かの二つの見方がある。これを企業組織で単純化していうと、蓄積は従業員数（ヒト）、純資産額または使用総資産（モノ・カネ）、伝統（知名度や信用）や市場（顧客・市場）であり、流動の方は年間取引相手数（ヒト）、売上高や利益額（モノ・カネ）、収集提供情報量（情報）ということになる。

組織は常に「大きさ」を求める。拡大こそは組織の本能的欲求といえる。だが、それは時には組織の没落と崩壊にも繋がるから難しい。

固さ——帰属意識と情報共通性

第二の組織の「固さ」は、一般には結束力または団結力といわれる。だが、その内容を分析すると帰属意識と情報共通性から成っているということが分かる。組織を運営する者は、誰しもそれが構成員を強い結束力で固め、同じ情報を信じる情報共通性を持ったせいと思うだろう。

ところが、この二つは必ずしも同一ではない。前節において、組織の要素として共通の目的と共通の規範を挙げたが、それが強くかつ広範囲に持たれると、構成員の間には組織への帰属意識は高まる。しかし、帰属意識が強いがゆえに結束が乱れることもあり得る。つまり主導権争いや権限争議は強い帰属意識や組織忠誠心を持つ人々の間でこそ生じ易い。みんなの帰属意識が強いことが分裂抗争の原因になることもある。

これを抑制する方法は、情報環境の共通性を強めることだが、それも帰属意識の強さだけでは必ずしも実現しない。帰属意識の強い人々は、自分の組織の情報を探りたがるので、不正確な噂に惑わされ易いことも注意しなければならない。

例えば、自分の勤める会社に強い関心を持つ人々の間では、「何々重役が次の社長だ」とか、「何々部長は家庭生活が乱れている」とか、「何事件の真の責任者は誰某だ」とかいった噂が飛び交う。その結果、どの噂を信じるかによって情報環境が異なるようになってしまう。

これを避けようとして情報制御を強化すれば、恐ろしい統制組織にならざるを得ない。この世の中で噂を封じるほど難しいことはないからだ。要するに、「固さ」を追求するためには、帰属意識と情報共通性の二つを同時に達成することが望ましい。だが、それは決して容易なことではないのである。

「強さ」——迅速・確実・集中

「良い組織」の第三の尺度は「強さ」、つまり「目的達成能力の高さ」である。組織の目的を達成する能力を高めるためには、まず第一に、組織としての意思決定を迅速かつ明確に行う必要がある。今、何を行うべきか、何をなさざるべきかという意思決定が速やかに行われ明確に確定されることは、組織の目的達成の前提条件といってよい。

しかし、大規模な組織では、意思決定に参画する者の人数が増え、迅速さと、明確さも失われる。意思決定の場に参加した人々の受け取り方も違う場合も多い。だから、意思決定を明確迅速にするためには、独裁組織のほうが有利である。独裁国家やワンマン経営の企業が賞賛されるのは、正にこの点においてである。だがそれは、独裁者がカリスマ的権威を持たない限り、構成員の帰属意識を薄めることにもなり易い。

第二には、命令の徹底と実行の確実である。目的達成能力を高めるためには、出された命令が全員に徹底し確実に実行されなければならない。だが、これもまた簡単ではない。特に日本の政府のような大規模重層組織になると、総理大臣の下した命令が官僚組織に徹底することは皆無に等しい。命令なのか意見なのか、それとも単なる評論なのかも分からない。何より命令を実行しなかった官僚が罰せられることもない。こうした現象は、あらゆる組織で起こる。組織規定の上では、トップが下した命令には絶対服従となっている。実際問題としては組織の階段を下るに従って不明確となり不徹底となり、最後には消えてしまうのが普通である。下位の部分組織は、それ自体の目的と倫理と美意識を持っているので、上部からの命令に従うとは限らない。組織人も人の子だから、部下が嫌がる命令の伝達と実施を徹底するほど冷酷にはなれない。結果としては、命令伝達が曖昧となり、実施は先送りにされてしまうのである。

一九九一年の初め、ソ連大統領だったゴルバチョフは、「不思議なことに私の下す大統領命令は、各官僚組織において実行すべきかどうかまず検討されている」と言ったことがある。この時には既に、ソ連の政治体制の崩壊が決定的になっていたといってよい。大統領たるものが、自分の命令が実行されていないことを公言するようでは、国家組織の態をなしていない。

しかし、こうした例は古くから実に多い。室町時代の一揆の条文を見ると、「将軍より命令があったときは、ただちに一揆一同参集して、いかに対処すべきか協議する」というような文句が記されている。幕府の家来であるはずの武士たちが、命令が下ったらどうするか協議するというのでは、既に室町幕府は組織として有効な統治能力を失っていたと見ざるを得ない。

しかし、命令が徹底し下部が実行しようとしても、能力がなければ実現できない。従って第三に、目的達成のためには能力集中が必要になって来る。意思決定が行われ、それが命令として徹底すれば、組織がその実現のためにどれだけの能力を集中できるかによって、成否が決まって来る。しかし、集中するためには、それ以外の分野から能力を抽出しなければならない。このことは、組織能力の公平な分布を毀《こぼ》つことになり、結束を乱す原因ともなる。

組織の「良さ」の相互矛盾

組織にとっての最大の問題は、組織の「良さ」の三条件が相互に矛盾することだ。

組織が「大きさ」を達成すれば、当然その構成員（ヒト）の数は増え、存在する場所も拡がる。その結果、組織全体の情報環境を同一にすることが難しくなり、「固さ」は緩む。

それでも敢えて「固さ」を保つためには、構成員の帰属意識を高め、組織外情報を遮断し、内部の情報を統一する情報環境を作らなければならない。これには、構成員全体の公平感と受益感を強めることが必要だろう。だが、これは目的達成力を低下させ「強さ」を失わせることになる。

構成員の公平感を保つためには、できるだけ多くの構成員が意思決定に参加するのが望ましい。だが、それは意思決定の迅速さと明確さを失わせる。また、あらゆる部署の要求を認めることも大切だが、そうなると能力集中はできない。つまり組織が結束重視の共同体と化し、目的達成の機能が軽視されるのである。第一章で例に挙げた旧日本帝国陸海軍は、その典型である。

一般に組織を良くしようと思う人は、その「良い」という内容が何か、今、その組織において最も重要なのは、「大きさ」なのか、「固さ」なのか、「強さ」なのかを考えてみる必要がある。

漠然と「良い組織」にしたいというのでは、必ず矛盾に突き当たり、内部からの反発を受けることになるからである。

(3) 組織の目的

組織を作る目的と組織自体の目的

組織とは、ある目的を持った集団である。従って、組織が作られるときには、必ずそれを作る特定の目的が存在する。そうして作られた組織もまた、組織として存続する限り特定の目的を持つ。しかし、この二つ、組織を作る目的と作られた組織が持つ目的とは必ずしも同じではない。つまり組織は組織自体の目的を持つのであって、組織を作った人々が描いた目的を忠実に守るわけではない。組織を作ろうとする場合には、まず第一にこの点に十分注意する必要がある。

組織内の下部組織、支店や事業部、子会社を新設する時も同じだ。新しい支店を作る目的は、例えば一定の地域での営業活動を充実することであったとしても、でき上がった支店は守備範囲の地域だけではなく他の領域にも取引先を求め出す。支店には支店自体の拡大と好評を得たいという目的が生じるからである。これが進むと、組織自体の目的のために、組織を作った目的が否定されることにもなりかねない。

十年余り前、住宅公団の建設する団地が、遠くて狭くて家賃が高い、いわゆる「遠狭高」と言われて、借り手が少なくなったことがあった。その頃、官僚から天下った公団理事の一人が役所や政治家、ジャーナリストを回って、「民間の住宅建設、特に都心部でのマンション建設を抑制せよ」と熱心に説いていた。

その公団理事の意見によると、民間業者の建設するマンションは、建蔽《けんぺい》率も容積率も一杯に利用しているので外部環境が甚だ悪い。周囲に芝生や空地がないばかりか、まったく日の当たらないユニットもある。それに比べると住宅公団の団地は、遠くて狭くて高いと言われるけれども、十分に空地を取った良き外部環境を作っている。今後は民間の集合住宅も、公団の規格に合わせて規制すべきだ。つまり住宅用建物だけは、建蔽率や容積率を事務所ビルの二分の一にすればコストが非常に高くなり、住宅公団の団地が凄い競争率になるはずである、というのである。

そもそも住宅公団は国民に喜ばれる住宅を提供し、東京や大阪の住宅不足を解消するために作られた組織だ。ところが、この住宅公団の理事は、住宅公団の団地を一杯にするために人々が喜んで入るような安くて近い民間のマンションを規制すべきだ、といい出したわけだ。

実はこの理事、官僚時代から個人的に交際があったが、人格といい知識といい非難すべき人物ではない。むしろ理想的ともいえるほど真面目で職務に熱心な人物である。だが真面目であるがゆえに組織への忠誠心も強く、組織内の特殊な情報環境に埋没してしまった。結果としては組織自体の目的を達成するために、組織を作った目的とは逆の方向に正義感を燃やしたのである。

幸い、この場合は、間もなくバブル景気が発生、土地価格が上昇したため土地先買いの公団住宅は割安となり借り手も増えたので、民間マンション規制の動きもなくなった。しかし、官庁や軍隊などではこのような例は実によく起こっている。

国家全体の繁栄と安全のために作られた軍隊が、国家体制と国民生活を犠牲にして自己増殖に努めた例は史上に多い。それでいて、いざ作戦行動となれば国民を棄て国土を破壊することもためらわない。組織はまず組織を防衛するのであって、組織を作った人々を防衛するのではない。

全体の手段が部分の目的

組織の目的について考える場合の第二の問題点は、全体の手段が部分の目的となることだ。

例えば長期的な国家の繁栄のためには、財政が均衡している方がよい、という一般論がある。つまり、財政均衡は国家全体から見れば、長期的繁栄の手段である。ところが、財政を司る財政当局にとっては、しばしば財政均衡自体が目的になる。このため、不況期に財政均衡を崩しても国民経済の需給均衡を回復する必要があったとしても、財政当局は必ず赤字国債の発行には強硬に反対、むしろ不況による税収の落込みを補うために増税や支出削減を主張する。

それだけではない。外から見れば一枚岩に見える巨大組織も、内部では各部分がそれぞれに与えられた目標を目的化する。国全体の防衛のために必要な軍備増強計画も、一つの方面軍や艦隊では、その部分の増強だけが目的になる。A方面軍司令官にとっては国全体の戦略よりも、自分の方面軍を強化することが大切なのだ。

例えば、太平洋戦争中の昭和十七年から十八年にかけて、西南太平洋方面こそ日米決戦の重大戦線だったが、「支那派遣軍」（当時の軍制名）は常に増強を主張して兵員予算を獲得、遂には昭和十九年の後半から二十年にかけて「支那大陸打通作戦」なるものを開始、大量の兵員兵器を動員した。昭和十九年夏といえば、既にサイパン島が陥落し日本本土は空襲にさらされていた時だが、「支那派遣軍」司令部は、南京から広東に向けて大軍を進めた。この作戦自体は昭和二十年六月に一応成功したとされているが、もとより太平洋戦争全体の帰趨には何の影響もなかった。「支那派遣軍」にとっては、中国大陸の戦闘だけが目的になっていたので、陸軍省も参謀本部も抑えることができなかったのである。

同じようなことは、企業にも政党にも起こる。組織全体が目的達成のための手段として下部の部分組織に与えた目標が、それを担当する部局においては目的化する。組織を管理運営する者は、これにも留意する必要がある。

組織の目的と構成員の目的

第三の問題は、組織の目的と、組織構成員の目的の違いである。組織はある目的を持って作られ、作られた組織はそれ自体の目的を持つ。だが、その組織に加わる構成員は、彼個人の目的を持つ。構成員の目的が組織の目的と一致するのは、たまたま組織の目的達成が、構成員の目的達成手段となり得る場合に限られる。だが、このことを構成員自身は気付かないことも多い。本人は「ただただ組織のため」「会社のため」と思っていることも、本人の目的達成手段である場合が少なくない。

組織の構成員が持つ目的には、経済目的と権限目的と対外（体裁）目的の三つがある。

第一の経済目的とは、組織に帰属して給与や交際費使用などの経済的利益を得ることだ。企業などの経済組織の構成員、つまり従業員は専らこの目的で入社するのだが、考えてみればこれは、組織の収入または財産を私有化する流れであり、組織自体が経済力を蓄積しようとする欲求と対立する。もっとも、組織全体の経済力が大きくなれば、構成員（従業員）の経済利益（給与等）も増加するという点では、両者の利益は一致する。

労働組合は下級構成員が企業からの分与を要求するための組織だから、隠さずに賃上げを要求する。実は、官庁や軍隊でも民間企業や家族でも、すべての組織の組織構成員はトップから末端まで同じ欲求を持っている。ただ上層部は下級構成員よりも権限利益を強く意識しているため、組織の内部蓄積の方に熱心な場合が多いだけである。

第二に、構成員は組織における権限を欲する。権限こそは組織人の最大の喜び（個人目的）であろう。このため、構成員相互の間で組織の持つ権限の獲得競争が行われる。それはまずポストを巡る出世競争であり、次には各ポスト間の権限争議である。第三には組織全体の権限を拡大しようという動きが起こる。その一つは、組織内部（他の構成員や組織の財産）に対する管理監督権限を強化する動きだ。本社の連中は全社的中央集権管理をしたがるし、工場や支社の者は自主管理、権限分散を希望する。総務は全社共通管理を望み、各部局は特殊性をいい立てる。この結果、社員にも資産にも二重三重の管理権限が及び、動きが鈍くなることもある。この点では、構成員の権限志向が組織の硬直化というマイナスを招くことも多い。

もう一つは、組織を大きくし強化することによって、外部に対する影響力（権限）を拡大する試みである。これは組織の成長意欲となり活力ともなるが、時には無理な拡張計画を推進する危険性にもなる。前章で述べた人事圧力シンドロームも、その一形態なのだ。

嫁と姑の問題も権限争議

これまでの経済学や経営学は、人間の物欲（経済）を重視し、権限欲を軽視して来た。しかし、大抵の組織人にとっては権限は経済よりも重大であり、直接的な欲望の対象でもある。

実際、組織において経済利害の対立がない場合は多いが、権限争議がない例は珍しい。例えば、多くの家庭で見られる嫁と姑の対立も、どちらが家計を司るか、どちらが夫であり息子である男性の服装や社交を指導するか、という権限争議である。従って、嫁も姑も、家族への関心が深く夫（息子）への愛情が濃いほど、この対立は深刻になる。

ましてや大組織に属する者にとっては、給与の多寡など権限に比べれば大した問題ではない。ある中央官庁の課長が、「俺が握っている予算は三〇〇〇億円、年収二億や三億の資産家とは訳が違う」といったことがある。一旦権限の愉しさを知った者なら、この心境は分かるはずだ。

ところが、経済的利益とは違って、権限意欲の方はしばしば個人的利益としてよりは、個人的犠牲として主張される。権限意欲による熱心な行為は、本人の気持ち（主観的）ではもちろん、周囲の見方としても「組織のため」の奉仕と見られ易い。権限の拡大は、組織内の周辺や後任者にも波及効果を生むからだ。このため自己権限の拡大という構成員の個人的利益追求行為が制御されることなく過激化することも少なくない。構成員（特に管理職）の権限意欲は、経済利益よりもはるかに重大な行動原理となっているといえるだろう。

名刺とバッジの効用

構成員が組織に期待する第三の目的は、対外的に組織に属していることのカッコよさ、つまり体裁である。何々株式会社の社員といえば世間では高く評価され大切に扱われる。某官庁の課長といえばカッコよい。そんなことを組織の構成員は、常に追求している。そのため、対外的な組織の知名度やイメージが気になる。いわば名刺とバッジの効用である。これが損なわれれば構成員全員が損失を蒙る。前述の「大正軍縮」が軍人社会に深い怨みを残したのもそのためだ。

多くの場合、この欲求は組織のためにもプラスに働くが、時には組織の本質から逸脱したイメージづくりや費用の投下になることもある。その危険を孕む最たるものが、成長願望だろう。

現在の日本のように成長が良いことになっている未来志向の社会では、成長組織こそカッコよいという尺度があるため、過剰な投資や人員採用に走り易い。しかし、それを停止すると構成員の忠誠心と帰属意識が失われる。「社員の士気にかかわる」とか「みんながやる気をなくする」とかいうのがそれである。社員の多くは、これを組織（会社）のためとして語るが、その根源は構成員の権限拡大と対外的体裁欲求にあるのだ。

組織を運営する者は、こうした組織の目的と構成員の目的との調和調整を図らなければならない。だが同時に、構成員相互のバランスも常に問題になる。組織に所属する人間は、誰しも嫉妬深いからである。

同じ組織に所属すれば、共通の目的意識と情報環境に置かれるため、同僚と比較し易い。従って、組織人の嫉妬は、まず組織内部の同僚に向けられる。Aに比べて自分が有利に扱われているか、経済目的と権限目的を達成しているかどうかを、常に比較したくなる。このため、組織への帰属意識の強い人々は、組織全体の地位の低下には鈍感で、内部での比較優位だけで満足できる。同僚の一人が自分以上に給与と権限が上がったのは腹立たしくとも、「今年はわが社は不況で給与が上がらなかった」というのには耐えられる。このため、組織が危機的状況になっても、構成員が深刻な危機感を持たないことも多い。そしてそれが、しばしば組織の改革を妨げるのである。

「公平性」と「特権性」

組織の構成員が、組織に対して期待するのは「公正性」と「特権性」である。組織の構成員は、組織が構成員すべてに対して公正であることを期待する一方、外部との比較では、組織構成員であるが故の特権を与えられることを期待しているわけだ。

ここでもまた、組織は矛盾した要求に対処しなければならない。「公正性」の要素は、結果として単なる「公平性」の実現となり組織の活力を削ぎ、「特権性」を低下させるからである。

組織人はまず、内部優位の特権、つまり役職の座や交際費の自由使用、意思決定への参画、秘密情報との接触などを求める。次には、対外的特権を求める。その最も単純な形態は外部秘匿性、つまり情報独占感である。だから、組織の構成員が固定すると、「マル秘」の印が増えるものだ。自分は○○会社あるいは△△省に所属しているからこんなことを知っているが、世間では知られていないはずだと信じるのは嬉しいことだ。

ところが、組織の外の人々が組織に期待するのは、ほぼこの逆である。つまり、特定の組織の構成員、例えば△△省の役人や○○会社の社員が特権を持たず、外部への貢献に応じて出世し、経済的利益（給与）もあまり求めず、情報を公開して外部秘匿を乏しくすることである。

最近、政府や自治体に情報公開を求める訴えが多いのは、役所という組織に属する者の特権を少なくしたいという外部者の意識の表れだ。日本のように、国民全部が日本人ないしは日本国民という帰属意識が強く、情報共通性の高い社会では、国民全部が組織内的感覚で比較するので嫉妬が強まり、特権への反発と外部貢献による評価を求める声が強い。

アメリカなどは国民的共通性が乏しいため、事業で成功した人々が高額の給与を取ることは、比較的許容され易い。そのアメリカでも、マスメディアの発達によって情報共通性が高まるに従って、政府などの組織構成員の情報特権に対する反発は強まっている。組織は内部の構成員相互の嫉妬と同時に、外部の人々の嫉妬にも配慮していかなければならないのだ。

(4)　共同体と機能体

共同体とは——構成員の満足が目的

組織には、共同体《ゲマインシャフト》と機能体《ゲゼルシャフト》がある。本来、この二つは構造も機能も目的も違う。従って組織の管理運営に当たっては、この区別を明確に意識している必要がある。

共同体とは、家族、地域社会、あるいは趣味の会など、人の世の摂理によって自然発生的なつながりで生まれ、構成員の満足追求を目的とした組織である。従って、その組織の発展拡大よりも、構成員それぞれの組織に属する目的を満たすことが重要である。

例えば、家族の場合、家族の数を増やすとか家族の財産を増やすとかはあくまでも手段であり、真の目的は家族一人一人がいかに満足して幸せに暮らし得るかが重要だ。従って、ここでは組織の結束の固さが重視される。「良い共同体」とは、構成員一人一人の満足を実現する結束の固い状況である。

人間社会で、最も基本的な共同体は家族である。近代の家族は、自然の摂理による婚姻と血縁によって結ばれた人たちが、共通の消費生活を営む場、と定義できる。従って今では家族の数を増やそうという欲求はきわめて薄くなった。しかし、近代以前の家族ははるかに多くの機能を持っていた。家族は生産共同体であり、財産（生産手段）の共同保有者であり、子弟（後継者）の教育の場でもあった。このため、生産機能や保有財産の強化増大のために、強い統制が行われることも多かった。今日でも、発展途上国には、こんな家族が少なくない。

地域コミュニティも、一定の地域で生活または勤労する人たちが、その地域の生活や労働の環境をよくするために結ばれた自然発生的な組織である。従って、地域コミュニティを拡大しようとか、人口を増やそうというのは本来の目的ではない。しかしここでも勤労する人々（特に地域に密着した商店主など）は、収入増のために地域の発展を願う。特に、地方自治体という公的機関になると、自治体の財政収入と官僚の権限拡大のために、地域の人口増加や産業振興を重視する。つまり、共同体が機能体化するわけだ。

地域コミュニティを純粋な共同体として心地よさだけを求める住民と、機能体的要素を加えて発展成長を企てる商店主や自治体行政組織との間に、工場誘致や公共事業をめぐって対立が生じるのは、このためである。

趣味の会であれば、構成員が共通の趣味を通じて満足できる組織でなければならない。共同体が、組織の拡大のために構成員に犠牲を強いるようになれば、本来の目的に反している。だが、現実にはそうなることが少なくない。俳句の会、スポーツの会、あるいはバードウォッチングの会などでは、それに入っている各個人が、その趣味を通じて自己満足を得ればいいのであって、会員数の拡大や組織の知名度向上、あるいは収益の増大などは、本来の目的ではないはずだ。従って、共同体は、気のあった仲間、共同行為をして楽しいメンバーだけで構成されるべきであり、本質的に排他性を持つ。

従って、趣味の会や社交クラブには、会員資格の限定などが付きまとう。イギリスの伝統ある社交クラブでは、既存の会員から一人でも反対者が出れば新規入会を認めないのが原則になっている。新規会員を増やすよりも、既存会員、つまり組織の構成員の結束と心地よさが優先されるからだ。

共同体組織は、構成員の心地よさを追求することが究極の目的だから、機能は軽視される。趣味の会的なスポーツ・クラブであれば、技量の向上は重要ではないし、利益を上げるのも目的ではない。こうした共同体の発生は本来自然的もしくは自発的であり、その影響は公平に分配されるべきものと考えられる。また、特定の事業達成が目的ではないので、特に期限もない。家族も地域コミュニティも、趣味の会や社交クラブも、その組織に参加する人々がいる限り存続するわけである。

共同体的な組織の極限は、民族国家と言われるものだろう。民族国家は元来、歴史的自然的に発生した文化的共通性を持つ人間集団である民族が、自発的な自治をはじめるところから形成されたものだ。その意味では、ベンサム流の功利主義に基づく国家とは本質を異にしている、といわざるを得ない。しかし、形成された国家は、民族国家であれ契約国家であれ、対外戦争や経済競争に曝される自衛本能と、統治者の拡張意欲と官僚の権限意識で強化されるため、領土拡大と経済利益と他民族支配を目論む機能体に変化し易い。この現象が大規模かつ強力になれば、帝国主義と呼ばれる状況が出現するわけである。

機能体とは――外的目的達成が目的

これに対して、機能体組織は、外的な目的を達成することを目的とした組織である。ここでは、組織内部の構成員の満足や親交は手段であり、本来の目的は利潤の追求や戦争での勝利、一つのプロジェクトの完成など、組織外の目的を達成することである。

従って、機能組織では「固さ」よりも「強さ」、つまり目的達成能力の充実が重要になる。また、機能組織は明確な外的目的に応じて作られるのだから、自発的に生まれるよりも他発的に作られることが多い。こうした機能組織の典型が企業である。

企業は、近代社会で最もありふれた組織だが、その本来の目的は「利潤の追求」である。企業が設立される場合には、行う事業（手段）が明示され、次にそれに必要な資本が調達され、然るのちに従業員（構成員）が募集され雇用されることになっている。つまり、構成員が自発的に組織を作るのではなく、起業家が給与という経済的利益の給付を条件として集めた個人を、資本の周囲に組織化するのである。

軍隊や官庁も、本質としては変わらない。国を護る（戦争に勝つ）という目的で軍隊が形成され、行政を司るという機能のために官庁がつくられる。

政党も本質的には機能組織だ。政党は本来、一つの政策思想の実現のためにより多くの支持を獲得し、議会において多数を占め、政治の実権と行政の指導権とを獲得することを目的として結成された機能体である。政党の場合は、企業の資本に当たるのが思想または政策であり、利潤追求に当たるのが政策の実現、その手段は選挙運動や議会における討論である。この点で政党は、思想や政策に関わりなく、人脈だけで自然発生的に生まれる派閥とは峻別できるわけだ。

機能組織は、設立の目的を達成することが組織の目的でもあるのだから、内部の構成員の心地よさは軽視されても仕方がない。ここでは目的達成機能の強化、つまり組織の「強さ」を実現するために、構成員に辛い思いを強いることもある。軍隊のような場合には、全体の目的達成（勝利）のために一部の構成員を死に追いやることもあり得る。

しかし、すべての共同体が構成員の満足のみを追求するのではないのと同様、すべての機能体が与えられた目的達成に徹するとは限らない。企業でも軍隊でも、官庁や政党でも、組織が確立し構成員が定着すると、構成員の満足と私利を追うようになり易い。「機能組織の共同体化」といわれる病理現象である。

理想の共同体――終身、安住、内的評価

共同体《ゲマインシャフト》と機能体《ゲゼルシャフト》とは、まったく違った組織だから、その理想的な状態も大いに違う。

理想の共同体の条件は、まず第一に組織の目的と構成員の目的とが一致していることだ。構成員が「したい」と思うことを、安全かつ安易に達成できるようにするのが組織の目的となっていれば理想的である。

家族であれば、その構成員である夫、妻、子供たちが、それぞれの幸せな生活を実現できるのが理想の家族だ。地域コミュニティも趣味の会も同じだろう。従って、同じ理想を持つ人々だけで構成されていることが望ましい。

もし、こんな共同体があれば、構成員は決して脱退しないだろう。だから共同体の理想は終身であり、できれば世襲でもよい。家族はもちろん、地域コミュニティも、本来は終身かつ世襲的と考えられていたし、現在の日本の制度も、それを前提としている。つまり、現在ある地域に住んでいる人たちは、過去にその地域社会を作った人々の正当な権利継承

者と認定されている。

例えば東京は、明治・大正の時代に先行的な投資を行って水道を造った。そのおかげで、東京二十三区には、有利な水源と償却済みの配管が沢山ある。これは東京の巨大な財産だが、今日の制度では、その資産の利益は水道料金の安さという形で現在の東京住民のみに与えられている。つまり現在の東京の住民が、明治・大正時代の東京住民の正当な権利継承人だと考えられているわけだ。もし、この前提を捨てて、新たに水道を建設するのに必要な費用（再建費用）から水道料を算定すれば、東京二十三区のそれは今日の何倍にもなるだろう。

共同体にとって第二に重要なのは、構成員全部に安住感を与えることだ。構成員の満足を目的とする共同体においては、その共同体の中に存在することが心地よく、しかも永続すると信じられる安住感が望まれる。逆にいえば、組織の中に存在することに緊張感と非日常性を感じないことだ。これを実現するためには、三つの状況を作り出す必要がある。一つは、構成員が相互に嫉妬や不満を感じることのない公平性の実現、二つには緊張と焦りを感じることのない無競争状態、三つには将来の変化に不安を持たない安定性である。

例えば、家族の中で実績や試験で相続の多寡を決めるとすれば兄弟の間に競争が生じる。特定の子供だけが老親を養う負担が重いという不公平感を持てば内紛が起こる。たとえ各人の受益と負担が均衡していなくとも、それぞれがその役割に納得し、嫉妬や不公平感を持たなければよい。親の方は、特定の子に一方的な重い負担を強いられても不公平とは思わないが、子供の方は必ずしもそうではない。事業を複数の子供に継承させようとする親にとっては、忘れてはならない要点であろう。

同時に、両親の離婚や家計の破綻によって家族の崩壊が予想されれば、安住感は失われてしまう。中心的な人物の重病や死は、それに優る不安を与える。共同体は永続性を信じられる状況でこそ、良い状況になり得るのだ。

共同体組織が理想化する第三の条件は、内的評価が優先されることだ。つまり家族や地域社会あるいは趣味の会では、それぞれの人が発する情報や自己表現が組織内部、つまりその組織の構成員の間で評価されればよいのである。実際、親にとって嬉しいのは、親にとって「良い子」である。たとえ世間で不評でも、親が「ウチの子は可愛い、正直で立派だ」と信じることができれば共同体としての家族は幸せである。

従って、共同体のリーダーも内部評価によって、公平感と安住感を乱さぬように選ばれるべきだ。「衆目の一致する公平性と安住感をもたらす人物」こそ、共同体のリーダーにはふさわしい。いわば「能力よりも人柄」である。

できることなら、敢えてリーダーを決めなくとも自然と人望の集まる人物が、何とはなしにリードするのが最良であろう。ここでは意思決定の迅速さや命令の徹底など、「強さ」の要素はさして重要ではないからである。

理想の機能体――最少の負担で目的達成

これに対して、理想の機能体とは、組織を作った目的を達成できる組織だといえる。企業なら所定の事業によって利潤を上げること、軍隊なら最少の負担で国土と国民を衛り、戦争があれば勝利すること、行政機関なら行政目的を完全に果たすことである。機能体は、与えられた目的達成が目的だから、その目的が組織を作った人々にとって目的でなくなった時には、存在価値を失ってしまう。例えば、地域開発や博覧会、臨時的な行政、特定の戦争など、時限的な特定目的で作られた組織は、その事業が達成された時には、直ちに解散し、あとに負担を残さないことが望ましい。

その意味でも、機能体には長期的永続性ではなく、負担の最少性こそ重要である。利潤を追求する企業はもちろん、軍隊や行政機関でも、コストを低くすることは最重要課題の一つだ。特にこの場合には、財政的な負担だけではなく、国民生活に与える影響、他の政治行政機能への負担などもコストと考えるべきだろう。

つまり機能組織では、目的達成の効率が大切だ。従って、機能組織では、構成員も能力のある期間のみ参加させ、その間に最大の能力を発揮させるのが最良である。例えば肉体労働をする人は、肉体的に活力のある年齢の間だけ雇用し、肉体が衰えれば退職させる。それを広範に実行している近代国家の軍隊では、兵は二十代、下士官は三十代で退職するのが理想的とされている。

確かにそれができれば機能体にとっては理想に違いない。しかし、この理想を実現しようとすれば、二つの面で激しい抵抗に遭遇するだろう。第一は、組織はそれが作られた目的とは別に組織自体の目的を持つため、機能組織といえども、それが作られた目的の達成のみに邁進するわけではない。むしろ、組織の拡大と強化を願う組織自体の目的を達成するために、非効率部分を抱え込んでいく傾向がある。

第二は、構成員が構成員自身の期待を組織によせる。その中には、長期にわたって組織に属し、給与等の支給を受けたいという期待がある。これをまったく無視すれば、構成員（従業員）の士気と帰属意識が失われて、かえって効率が低下する。

このため、能力のある間だけ参加させるという理想は実現せず、日本の自衛隊のように下士官が五十三歳まで勤めるような結果になってしまう。軍隊の高齢化は、古来、多くの国家王朝が悩みとして来た問題である。機能組織の運営者は、太古の昔から、設立目的の達成と、組織自体の自己増殖目的と、構成員の出世安定期待とのトリレンマ（三鼎矛盾）

に悩まされて来たわけである。

近代の合理的精神が、徹底した機能組織として発案した組織形態が企業、特に株式会社である。ここでは、まず、利潤追求の目的で事業内容を特定し、起業家が資本を集め、それに人間がまつわりつく形になっている。従って、人が代わっても組織は変わらない。社長が代わろうが、技師長が退職しようが、従業員が大量に解雇されようが、同じ法人として存続する。つまり、人間を能力で雇用し、能力のある期間だけ参加させるように仕組まれているのである。しかし、そうした仕組みの企業も、理想的な機能組織とはなり得ない。企業の経営管理に当たる者は、そうした現実を踏まえて組織の運営を考えなければならない。

役割分担と権限の明確化

目的達成を追求する機能組織では、最小のコストで最大の効果を上げる効率が重要である。機能組織は、これをどうして達成するかが第一の問題となる。そのためにまず、機能組織は構成員の能力を最大限に発揮できる役割分担体制を採る。各構成員の提供する負担（自己犠牲）を、組織の目的達成に最も効果的に利用するためだ。

技術技能を持つ者は、その専門技術の分野で働かせるのが効率的である。体力の丈夫な者は肉体労働がよく、折衝の巧みな者は渉外や営業がよい。広い視野と判断力に富んだ者は全体の基本方針や総合調整に当たる職種に適している。

共同体組織においては、目的達成よりも内部の親和が大切だから、役割分担は必ずしも明確ではないし、明確にする必要もない。構成員の満足を高めるためには、情報ルートも意見具申のルートも複数用意されている方が安全である。共同体で、情報と意見具申のルートを一本化するのは、内部の不満と抗争を招く種になる。

これに対して機能組織では、情報と命令のルートは明確でなければならない。もっとも、構成員の不満や革新的なコンセプトを採り入れるためには、専門的な役割分担以外のバイパスを設けることが必要だが、それはあくまでもバイパスであって、メイン・ルートは単純な方が効率はよい。

そうであれば、当然、各人各部局の持つ役割、つまり権限を明確にする必要がある。それぞれの権限が明確でなければ、情報ルートが混乱し、命令の徹底が妨げられるからだ。企業や軍隊・官公庁などの機能組織が、職務規定や所掌規定を文章化しているのは、このためである。

しかし、どこの組織でも、権限には重複部分と空白部分とができる。新しい事態が発生すれば、その所掌が問題になる。このため、必ず積極・消極両面の権限争議が生じる。つまり、「これはわれわれの所掌事項」「自分の権限範囲」という取込み競争の積極的権限争議と、「こんなのはウチではない」「俺は知らんぞ」となじり付け合う逃亡競争の消極的権限争議とが起こるわけだ。

それればかりではない。各地位に就く個人の能力と性格によって、規定以上の権限を振るう者と、規定の責任をも満たさない者とが現れる。規定上は「部長の決裁」（権限）とされている事項でも、実際に決定しているのは某部長代理あるいは某課長という例は少なくない。世間で「キーパーソン」と呼ぶ人物である。

人間の能力と気質に差がある以上は、こうした事態も避けられないが、機能組織の理想ではない。機能組織では、能力を有し気質の適した者をその地位に就ける「適材適所」こそが望ましい。機能組織は「人柄よりも能力」なのである。

ヒトとモノの適合

機能組織にとって重要なことの一つは、各人各部局が最高の効率を発揮し得る施設、つまり最適物的環境を設けることだ。工場などの生産施設はもちろん、事務所や研究所、中枢管理機構においても、これは必要不可避な条件である。

問題は、何が最適物的環境かだ。工場などの生産施設の場合には、生産効率、品質管理、安全性の三点から比較的客観的に定められるが、事務所や中枢管理機構の場合には、かなり主観的要素が加わる。

特に最近は、意思決定や創造性の喚起のための空間や機材の配置が重視されるようになったほか、組織構成員の帰属意識やプライドを掻き立てる場所（地名）や空間設定も重要になっている。中でも情報伝達方式の変化に対応した施設の処理は大切だ。この点に関しては、組織における情報伝達手段の変化と関連させて後述することにしよう。

組織論との関連で重要なのは、それぞれの組織が目指すあり方と物的環境との適合性だ。物的環境は組織における地位や権限を示唆する効果がある。大抵の組織では、地位に応じて机の大きさや配置が変わる。いわゆる「窓際」は、比較的地位の高い場所とされているが、必ずしも権限の強い人だけがいるわけではない。「窓際族」という言葉も「地位は高いが権限がない中高年」を指している。

軍隊では、制服や記章によって地位と役割を明確にする方法が使われている。かつては行政官や聖職者にも同じ制度があった。中国の明・清朝では文官・武官をそれぞれ十八階級（正一品官から従九品官まで）に分け、服装を定め記章を付けさせていた。旧日本陸海軍の等級が十五階級、現在の米軍は二十五階級だから、これはかなり細分されていたといえるだろう。徳川幕府は、馬・駕籠の使用にも、地位や将軍の信任の度合によって差を付けた。機能組織では、こうした方法が有効な場合もある。こうした物的環境による区別は組織内での差別感を強める反面、権限や給与と切り離した地位による満足感を与える効果を持つ。今日の組織は、差別感の排除のため、物的環境の区別をなくする方向に動いて来たが、将来は成長力の低下と中高年層の不満を緩和する手段として、見直されるかも知れない。

客観的評価と外的表現

共同体組織と機能組織との違いが、最も端的に表れるのは、人事評価である。共同体においては、構成員の間に不満と緊張を生まない公平性と安住感が必要だから、組織内での評判を中心とした内的評価によって人事を行うことが望ましい。

これに対して機能組織では、組織のためにどれだけの功績を上げたかという外的表現に重点をおいた客観的評価による人事が大切である。いわゆる能力主義であり結果主義でもある。

ここで最大なことは、客観的評価のためには、上司や役職者の個人の主観を排除するのみならず、組織としての社会主観をも排除しなければならないことだ。主観は個人だけではなく社会（集団）にも存在する。例えば、今年はあるファッションが流行していれば、それが何となく美しいとみんなが思う。しかし、三年後にそのファッションが流行遅れになってみると、何とも不格好に見える。豪華に思えたファッションが野暮臭くなり、すっきりしているといわれたデザインが貧相になったりする。社会主観が変わったからだ。

同様のことは、それぞれの国や地域にもある。日本とアメリカ、東京と大阪でも、感覚の違いがある。ましてや情報共通性の高い組織ではきわめて起こり易い、というより、必ず起こる。各官庁・企業・職能団体などには、そこだけの社会主観が存在する。政治家の間でいわれる「永田町の論理」もその一つだ。

一つの組織の社会主観が、他の人々と著しく違っている場合、その組織は反社会的存在となってしまう。世間が暴力団やヤクザを忌み嫌うのは、その組織での社会主観が世間一般の見方とは著しく異なり、「組」のための暴力や犯罪が賞賛されると思われているからだ。

官庁や企業でも、時には世間一般の見方とはかなり違った社会主観を持つことがある。バブル時代の金融機関では、営業の拡大のために安全性や継続性を軽視した貸付けや取引が認められたのは、その一例だろう。証券業界で一般化していた大口取引先に対する損失補塡や、いくつかの産業界に見られる談合なども、その時期のその業界では、何ら罪悪感なく行われていたはずだ。テレビ業界に多い「やらせ」も同様だろう。

組織内での社会主観による人事評価が行われると、構成員はそれに合わせた行動を採る。

当然それは、組織外との摩擦を呼び、早晩挫折することになる。組織の陥り易い危険の一つである。

それでも共同体の場合には、構成員が心地よく安住するのが目的だから、まだ許される。利害損得を無視して、ある家族が「これがウチの家風だ」といい張っても、ある民族国家が「わが国の国民性だ」と主張しても、第三者に極端な迷惑をかけない限り押し通すことができる。しかし、機能組織は、それでは本来の目的が達成できない。企業が利潤を上げ、官公庁が行政効果を上げるためには、組織外の顧客や住民を相手にしなければならないから、世間一般に適合した客観性が必要である。

機能組織においては、外的表現による厳格な客観的評価と、それによる人事、つまり適材適所の能力主義が欠かせないわけである。

(5) 強い機能組織を作った織田信長——もう一つのケース・スタディー

機能組織の理想を実行した男

共同体組織が構成員の結束、つまり「固さ」を追求するのに対して、機能組織は目的達成力の「強さ」を求める。その意味で、日本史上、最強の機能組織を作った男は、織田信長であったといえる。織田信長の成功と横死は、機能組織のあるべき姿と現実的限界の良き参考となるだろう。

織田信長が、時代の社会主観にも、織田家伝統の組織主観にも捉われない機能主義者であったことを伝えるエピソードは数多い。少年時代に珍奇な服装で馬を駆っていたというのは、それが便利だったからだ。父・信秀の葬儀で香を投げつける不作法を犯したのは、彼の悲しみの表現に適していたからだ。室町礼法を否定したのも、鉄砲を採用したのも、機能主義的発想である。つまり信長は、ここで述べた機能組織の理想をことごとくやってのけたわけだ。少なくとも、それ以前の武士社会から見ると、飛躍的に機能化したといえる。

信長以前の武士の組織は、室町体制での一揆、つまり地域別地主共同体だった。だからここでは、一揆のメンバー（構成員）である国人とか地侍とかいわれる小地主（豪族）たちの地位と利益を守ることが優先され、戦に勝つ機能強化はそのための手段だった。名門・古株が首脳となり「みんなですべてを決める」式の評定をしていた。今川義元や武田信玄などが強力なリーダーシップを発揮したといっても、武士共同体の指導者としての個人的な能力を発揮したに過ぎない。

ところが織田信長は、この共同体的組織原理を否定し、「天下布武」（天下は武士が一元的に支配する体制）の達成を目的とした機能体を創り上げた。まず第一に「銭で雇う兵」（雇用隊）を作り、のちの豊臣秀吉や滝川一益《たきがわかずます》などの流れ者に指揮させた。これまでの武士共同体の構成員ではない者を機能本位で導入し、戦専業の専業軍人集団を創る形での「兵農分離」を進めたのである。

　もちろん、これには旧来の共同体の構成員から猛反対があった。このため、一時は信長を廃して弟の信行を織田家の総領にしようという動きも出た。信長が弟信行を破った「稲生《いのう》の合戦」（一五五六年―信長二十三歳）では、父信秀以来の織田家中の八割が信行に味方したという。

　第二に、武士共同体の基盤となっていた「土地＝村落」との繋がりを断ち切った。重臣たちに信長の本拠地の城下住まいを強制したばかりか、自らも本拠地（居城）を次々と移した。戦国大名で居城を移した者は少ないが、信長だけは那古野から清洲《きよす》、小牧《こまき》、岐阜、安土と、生涯に四度も居城を移している。土地に密着した共同体を捨て、利便性（機能）から居城を選んだのである。

　第三に、武士共同体のサブ・システムともいうべき商人の座を否定、「楽市楽座」をはじめた。商人の座は、その免許料を有力寺社や公家に支払うことで、室町体制の支えとなっていたが、信長はそれを認めなかった。

当然、ここでも大反発があった。のちに信長が比叡山や本願寺から自分が就位させた足利将軍義昭まで、すべての既成勢力を敵にして死闘することになるのはこのためだ。だが、信長は、「天下布武」という目的達成のためには、関所や座の廃止が不可欠なことをよく知っていた。つまり着手容易性を捨てて目的達成性に邁進したのである。

第四には、それまでの武士共同体の原理に反して、客観的成果による能力評価人事を行った。木下藤吉郎（のちの豊臣秀吉）をはじめ、滝川一益、明智光秀ら流浪の身から大将軍に取り立てられた者も多い。その一方では、織田家累代の重臣で退けられた者も多く、叛乱暗殺の企みも何度もあった。しかし信長は、少なくとも晩年に至るまでは、叛乱謀議の前科のある者でも、能力と実績によっては恐れることなく取り立てた。佐久間信盛《さくまのぶもり》、佐々成政《さっさなりまさ》、川尻秀隆《かわじりひでたか》、丹羽右近《にわうこん》などがそれである。客観的能力主義に徹する信長は、叛乱者や暗殺計画者をも、機能発揮のためには活用したのだ。

もっともこれは、あくまでも機能上の理由だから、彼らが無能ぶりを暴露したり、他の人材で穴埋めができたりすると、解雇処罰されることになる。天正八年（一五八〇年―信長四十七歳）の佐久間信盛父子、丹羽右近、林通勝、安藤範俊らの追放がそれである。

鉄砲導入も組織変革から

第五に機能発揮の上で最適の物的環境を整えた。それは特に鉄砲の大量導入として有名だが、あらゆる場面で行われている。琵琶湖に軍船を浮かべて美濃と京の間の情報伝達と軍隊移動を迅速にしたのもその一つだし、鉄貼りの安宅船に大砲を積んで毛利水軍を撃破したのもその好例だ。安土に豪華な天守を持つ巨城を築いたのも、政治的効果を考えてのことである。信長は、この城で防衛戦を行う気などまったくなかった。それ故、余計な防衛施設は一切作らず、大手門に向かって大道を一直線に付けていた。

ここで重要なことは、こうした新技術新機材の導入も、徹底した組織改革があったればこそ可能だったことである。よく「信長の時代なら、自分で決断すれば鉄砲を大量に使えたが、今はそうはいかない。産業用ロボットを導入して人減らしができれば経営合理化になることは分かっているが、そう簡単に従業員を馘《くび》にできない」と嘆く企業経営者がいる。

とんでもない話だ。信長の時代にも鉄砲が有力な兵器であることは、どの大名も知っていた。これを大量使用して成果を上げたのは、織田信長よりも信長の敵、本願寺派の雑賀《さいか》衆の方が先だった。毛利家文書では、既に桶狭間の合戦（永禄三年）以前から鉄砲傷が激増、鉄砲の有用性が示されている。それにもかかわらず、信長以外の大名が鉄砲を大量かつ組織的に利用できなかったのは、武士共同体という組織原理から脱け出せなかったからだ。

鉄砲を大量かつ組織的に使用するためには、先祖伝来の武門を誇る「馬上の名士」を後方に退け、鉄砲足軽を集めた大組織を作らなければならない。各村落を支配する豪族が、その村の衆を率いて戦場に来る武士共同体では、そんなことはできない。信長は、「銭で雇う兵」を大量に組織し、滝川一益や木下藤吉郎らに指揮させる新組織を作り上げていたので、これができたのである。

だが、そのために信長は、重臣たちに離反され、何度も謀叛と暗殺と敗戦の危機に曝された。信長の時代に武士共同体を解体して機能組織を作ることは、今日の従業員解雇どころか、正に「生命《いのち》懸け」だった。それをやったからこそ、信長の組織は常に最適の物的環境を作れたのである。

機能別組織の確立

第六の、そして組織者としての織田信長の最大の功績は、機能別組織を確立したことである。

信長の組織も、当初は仕事が発生するたびに、適任者を任命するといった形だったが、徐々にこれが機構化され、分業化された。

信長の行った機能別組織の重要な例は三つある。その一つは軍隊組織の中に黒鍬者《くろくわもの》と呼ばれる工兵隊や荷駄者という輜重隊《しちょうたい》を設けたことだ。それまでの大名の軍隊は各村落ごとに編成され、その村の地主である豪族が指揮していたから、専門の工兵や輜重兵はいなかった。各部隊が兵糧を担って参戦、陣地も砦も自分たちで造った。このため、刀槍などの武器のほか、薪柴伐採用のナタやオノ、陣地構築用の鋤鍬《すきくわ》なども持ち運ばねばならず、携帯できる食料は一人二〇キロを超えなかった。敵地において兵糧調達ができなければ、これだけの兵糧を喰い尽くすと撤退である。上杉謙信の小田原攻めや武田信玄の西上が成功しなかった理由の一つはこれである。

ところが、信長は専門の工兵と輜重兵を設けることで、戦闘部隊の長期滞陣を可能にした。浅井長政や本願寺の籠城作戦を打ち破れたのは、この組織のお陰である。

二つ目は、軍制と軍令の分離による方面軍制度の確立である。「銭で雇う兵」を大量に持った信長は、一益や秀吉などの有能の士にその大部隊を指揮させたが、これはあくまでも信長の組織した兵を現場で指揮するだけ、つまり軍制は信長が握り、一益や秀吉には軍令だけを行わせたのである。

軍制と軍令の分離は、古代においても一部に見られたが、中世になると完全に消滅した。

西洋では各地の封建領主が、中国では節度使などの土着軍司令官が、部隊の動員編成から指揮命令までを一元的に行うようになったのだ。これを破って、再び軍制と軍令を分離したのは、中国の宋王朝からである。この制度が西洋に伝わるまでには八百年もかかるが、それよりもずっと早く、織田信長が日本でこれを実行した。

　さらに信長はこれを拡大、天正初年頃から方面軍制度を創り出す。有能な将軍を方面軍司令官として、他の大名を与力大名として、これに付加したのだ。この結果、司令官となる将軍は、自らの禄高とは関係なく大軍を総合的に指揮することができたし、重要方面に戦力を集中することも容易になった。その上、司令官が叛乱しても、与力大名を取り上げれば容易に討伐することもできた。人間を機能としてしか考えなかった信長は、そんな用心も怠らなかったのだ。このことは、摂津方面軍司令官だった荒木《あらき》村重《むらしげ》が叛乱した時、見事な効果を発揮した。高山右近・中川清秀らの与力大名を取り上げられた荒木村重は、伊丹城に孤立して自滅してしまうのである。

　信長の最晩年、織田軍団はほぼ六方面軍と信長直属の戦略予備軍に編成されていた。即ち、中国方面軍（司令官＝羽柴〈豊臣〉秀吉）、北陸方面軍（同柴田勝家）、中山道方面軍（同滝川一益）、東海方面軍（同徳川家康）、畿内方面軍（同明智光秀）、後勤方面軍（同丹羽長秀）である。信長が本能寺で横死する頃には、丹羽長秀の後勤方面軍が四国攻めの主力となり、明智光秀の畿内方面軍だけが手空きになっていた。信長は、この手空きの明智軍団と直属戦略予備軍を投入して、一挙に中国方面での戦闘に勝利しようとしていたのである。

方面軍制度がヨーロッパで本格的に採用されるのは、信長よりも数十年後の「三十年戦争」後半といわれているから、信長の組織創造力は大いに賞賛されてよいだろう。

信長が生み出した三つ目の機能別組織は、全国統治における中枢管理機能と地方行政軍事機能の分離だ。信長は、徐々に人材を自分の側近として仕える中枢管理職と、地方に大きな領地を持って行政軍事に当たる実践職に分けていく。前述の六方面軍司令官をはじめとする大名たちは後者であり、福富《ふくずみ》平左衛門《へいざえもん》、長谷川《はせがわ》秀一《ひでかず》、菅屋《すがや》長頼《ながより》らの奉行衆は前者である。奉行衆の人々は、多くが本能寺の変で討死したし、残った者も禄高が少なかったのでのちの歴史ではかすんでしまったが、信長在世中は「本省高官」として権限を振るっていたのである。

純粋機能組織の功罪

織田信長の組織は、それ以前の武士組織に比べると飛躍的に機能体化しているが、今日の官庁や企業から見れば役割分担や所掌範囲に曖昧さが残っている。それは恐らく、組織内容を記述する習慣がなかったからで、信長自身の頭の中では今日のわれわれ以上に整理された機能分担図ができ上がっていたに違いない。だからこそ、織田信長の組織（織田軍団）は戦争に強かったし、財政力も行政能力も高かった。つまり「天下布武」の目的を達成する能力が優れていたのである。織田信長が、ほとんどすべての既成勢力を敵にして、独力で信長包囲網を打破できたのは、こうした機能組織の「強さ」をよく示している。

しかし、人間は機能としてだけでは生き辛い。機能追求だけの組織では内部の緊張が高く、大抵の人間は耐えられなくなる。官庁や企業などの機能組織に属する者も、そこに温かい人間関係を求め、公平感と安住感を探る。つまり共同体的要素を要求するのである。

長い間、共同体化した武士社会に生きて来た信長時代の武士は、なおさらであっただろう。このため、織田家累代の重臣たちは、機能化する信長の組織には耐えられず次々と脱落する。信長の生涯には、家臣の反逆、陰謀などが非常に多いのはこのためだろう。家臣だけではなく、同盟者の浅井長政も耐えられなかった一人だし、冷酷な出世主義者だったはずの松永久秀や荒木村重さえも疲れ果てて叛乱に走る。

それに代わって、より積極的な意欲と能力を持った連中が信長を支えた。豊臣秀吉、滝川一益、明智光秀らだ。しかし、その明智光秀さえも、結局は耐え切れなくなって叛乱クーデターに走る。光秀の考えでは、天下の者すべてが信長の機能主義に閉口しており、信長さえ倒せば衆望が集められるはずだったのだ。

しかし、現実は機能化の時代、つまり近代に近付いていた。この点を読み間違えた光秀は直ぐに敗亡するが、そのあとには信長的機能組織を引き継いだ羽柴（豊臣）秀吉が天下を取る。信長が死んでも信長の組織は生き残った。織田信長の成功と横死は、目的追求のためには組織の機能体化が必要だが、それを徹底すれば大抵の人間は耐えられなくなることを示している。

機能体も長期的に目的を追求するのであれば、ある程度の共同体的要素を許容しなければならない。しかし、そのことがまた、機能を失わせ、共同体化を限りなく促すことにもなり易い。この点こそ組織の永遠の問題でもあるだろう。

第三章　組織管理の機能と適材

組織作りの巨人

歴史上には偉大な組織が数多くある。従って、偉大な組織者も数多くいたはずだが、その氏名を特定できないことが多い。史上の大組織は何世代にもわたる努力によって徐々に確立、発展した例も少なくないからである。

人類史上、最も長く最も広い影響力を持った宗教組織や思想集団も、ほとんどがそうである。キリスト教会組織の基盤は、イエス・キリストその人よりも、聖パウロに負うところが大きいという。孔子の思想を広め儒教の組織を築いたのは、孔子自身よりも、相場が上手で金持ちだった子貢だ、と司馬遷は書いている。つい数年前までは、全世界の半分近い人々に重大な影響を与えていたマルクス主義の思想を広め組織化したのは、マルクスではなく、レーニン、スターリン、毛沢東である。そしてその人々の背後にも、また多くの巧妙で熱心な組織者がいたに違いない。組織の達人の多くは、嫉妬と権限争議を避けるために、自らの名を隠すことが多いのである。

もちろん、その一方には、まぎれもなく自らの名と力とで大組織を作り上げ、歴史に残した巨人もいる。それがかなりはっきりしているのは、まず、中国の漢王朝を興した高祖・劉邦、モンゴルのチンギス・ハン、明王朝の創始者・朱元璋《しゅげんしょう》の三人だろう。彼らは、父祖から家臣団や領地を引き継いだわけでもなければ、統治組織としての前身団体を継承したわけでもない。誰かの思想や教義を受売りしたわけでもない。その点でこの三人は、父王が確立したマケドニア軍団を率いて征服戦争を行ったアレキサンダー大王や、共和制ローマの組織を支配したシーザー、革命政府を乗っ取ったナポレオンなどとはまったく違っている。

同時に彼ら三人の統治支配が、その死後も長く続いたことも驚異的だ。チンギス・ハンの大帝国は、本人の死後も拡大を続け、その孫たちの代には地球上の人口の半分以上を支配するまでに膨張したし、朱元璋の興した明朝は二百四十年にわたって東洋全域に覇権を保った。中でも驚異的なのは、劉邦が創った漢王朝で、前後併せて四百年間、中国全土を統治する史上最初の長期統一政権となった。

このことは、彼らが個人的な能力やカリスマ性だけではなく、組織による統治に成功していたことを示している。この点でも彼らは、自身の死と共に帝国が瓦解したアレキサンダー大王やフン族のアッチラ大王、あるいはわが国の豊臣秀吉などとは違って「組織の名人」だったことが分かる。

残念ながら、劉邦もチンギス・ハンも朱元璋も、「組織作りの要諦」などという書物を書いてくれなかった。

このため、その組織論的発想と実践行動は、他の事象の関連で現れる片言隻句や結果としての機構図、人事から推測するしかない。そんな中で、特に注目されるのは、漢の高祖・劉邦の人使いであろう。

(1) 人間学と組織論

漢の高祖の人間学と組織論

漢の高祖・劉邦という人物は、もともと沛の豊邑《ほうゆう》（現江蘇省）の中農出身だが、若くから亭長をしていたといわれている。当時の亭長というのは、馬方のおやじのような旅館兼輸送業者だから、人の出入りは多かっただろう。若年より農耕を嫌い、遊侠の徒と付合ったというから清水次郎長的なところもあったらしい。そんなありふれた男が、秦の末期に挙兵する。一説には、秦朝の命令で土木工事（長城の建設だったという説もある）に参加すべく村民を率いて出発したが、逃亡者が相次ぎ命令通りの人数が揃わなくなったので、仕方なく叛乱を起こしたという。有名な陳勝《ちんしょう》・呉広《ごこう》の乱が始まったのと同じ紀元前二〇九年のことだ。苛烈な帝王だった秦の始皇帝が死ぬと、中国全土に叛乱挙兵が燃え上がったのである。

当初、劉邦はごく小さな勢力だったが、次第に勢力を拡げ、楚の名門・項羽《こうう》と共に秦都長安を陥れて秦王朝を亡ぼし、漢中の領土を得た。さらに次には項羽とも戦いを繰り返したが、戦闘では何度も負けながらも最後の勝利を得て、漢帝国を築き上げたのである。中国といえば古くから巨大な一つの国という印象が強いが、古代の前半、紀元前三世紀末までの春秋戦国時代は分裂抗争状態にあった。その頃の中国大陸には、十九世紀のヨーロッパにも似た国際社会ができ上がった。そんな中国を、最初に明確に統一したのは秦の始皇帝だ。秦は現在の甘粛《かんしゅく》省から興った王国だが、次第に勢力を伸ばして陝西《せんせい》省に本拠を据え、始皇帝統治下の紀元前二二一年、中国全土を統一した。だが、その帝国は、統一過程の長さとは裏腹にわずか三代十五年で滅んでしまう。当時の中国には、全土を統一統治するのが当然だという一体感がなかったのだ。

従って、秦帝国の滅亡のあとは、戦国時代同様の諸国分裂の国際社会に戻っても不思議ではなかった。いや、その方がずっと自然だったかも知れない。ヨーロッパもインドも中東も、そのような歴史を辿っている。

ところが、そのあと僅か九年で、何の地盤も持たない劉邦が天下を取る。しかもその政権（漢王朝）は、前漢・後漢併せて四百年余、全中国を統一国家として治めた。劉邦は天下を治める組織を創設すると同時に、統一国家としての中国の概念をも創造したのである。

この劉邦、天下を取ってから、「なにゆえにわしが天下を取れたと思うか」と群臣に訊ねたことがある。それに対して王陵という者が、

「陛下はお口も悪いし、行儀も悪い。それに比べて項羽は側近には情深かった。ただし、項羽は物惜しみをし、功績のある者につらく当たり、賢者に疑いの目を向けた。陛下の方は、功績あった者に土地や城を惜しみなく与えられました。これこそ、天下とその利を同じくするものです」

と応えた。これに対して劉邦は、

「そちは一を知って、まだ二を知らぬ」

と応じて、およそ次のように説いたという。

「謀《はかりごと》を帷幄《いあく》のうちにめぐらし勝利を千里の外に決することでは、われ子房（張良《ちょうりょう》）に及ばず」

張良は頭のいい参謀の典型である。

「大軍を自在に指揮して、戦えば必ず勝つということでは、われ韓信《かんしん》に及ばず」

韓信とは、あの「股くぐり」で有名な大将軍だ。

「内政を充実し、人心を収攬し、糧道を確保することでは、われ蕭何《しょうか》に及ばず」

蕭何は劉邦と項羽の戦いの間も領国の漢中に留まり、劉邦の軍に途絶えることなく食糧を送り続けた名補佐役である。

「この三人はいずれも傑物といっていい。けれども、自分が天下をとったのは、この三人を使いこなすことができたからだ」

この話の重要な点は、家来の王陵が劉邦の人柄や行為、つまり人間学として答えたのに対して、劉邦は人間を役割別に使いこなしたこと、つまり組織者としての自己能力を自慢している点である。

人間性より組織の力

劉邦と項羽の対戦中、戦闘ではしばしば項羽が勝った。何しろ項羽は「力山を抜き、気地を蔽う」といわれた豪傑才人である。ところが戦勝のあとでも項羽の軍は減ったのに対して、敗戦しても劉邦の軍は増え続けた。それは項羽が暴虐で敵を徹底的に殺したのに対して、劉邦は「長者」だといわれたからだという。

そう聞くと、いかにも劉邦は人徳ゆたかで温厚な人物と思いがちだが、実際の劉邦の事跡を見ると決してそうではない。大虐殺も行っているし略奪もした。儒者の冠に小便をするような無教養ぶりも発揮している。何より天下を取ったあとでは功臣たちを次々と殺した。韓信も天下が平定されると捕えられて処刑された。このとき韓信の残した言葉が、「狡兎《こうと》死して良狗《りょうく》烹《に》られ、高鳥《こうちょう》尽きて良弓《りょうきゅう》蔵《しま》われ、敵国破れて謀臣亡ぶ」だった。「ずる賢い兎がいなくなると狩りに必要な猟犬も御用ずみとなって煮て食われてしまう。それと同じように、強敵がいる間は戦争の上手な将軍は大事にされるが、敵がいなくなれば亡ぼされる」というのである。

この言葉のもとは、春秋期の越王勾践《こうせん》に仕えた范蠡《はんれい》の「飛鳥尽きて良弓蔵われ、狡兎死して走狗烹らる」だが、范蠡は用心深く勾践の下を去って商人となって財を成した。だが、韓信は本当に処刑されてしまった。韓信がお人好しだったのか、劉邦が先手を打ったのか、『史記』によれば、劉邦の妻呂后の策謀ともされているが、亡ぼされたのは韓信だけではない。臧荼《ぞうと》、韓王信《かんおうしん》、張敖《ちょうごう》、黥布《げいふ》、彭越《ほうえつ》、盧綰《ろわん》らの大将軍たちが次々と処刑されている。

もっとも劉邦の性格を知って、その下を去った賢者もいる。名参謀の張良は、漢の天下が定まると、「共に天下をとるも、共に天下を治めるに能《あたわ》ず」といって劉邦の下を去り、仙人になったと伝えられている。そんな中で、ただ一人、劉邦の死後も地位を保ったばかりか、ますます重用されたのが蕭何である。この人は次の皇帝のときに相国（総理大臣）になって、法律を定めて、王朝の安定に努めた。

組織管理の三分類

漢高祖・劉邦という人物はまことに変幻自在、決して教養人でも温厚な徳人でもなかった。彼の才能は何よりも組織力である。そのことは先に述べた劉邦の言葉に非常によく表れている。劉邦は部下を論ずるに当たって、「部門長」（現場の頭）と「参謀」と「補佐役」と三つをはっきり分けて評価している。「部門長」とは、今日の組織でいえば工場長とか事業部長あるいは支店長など、一部局一機能の長を任す人材である。軍隊でいえば方面軍司令官、師団長などだ。組織には、必ずそういった現場の指揮者が要る。劉邦はまずその良き例として韓信を挙げた。これは誰もが気付く「良き部下」「必要な人材」であろう。次に「参謀」の好例として張良（子房）を挙げている。いわば、組織のスタッフ部門、企画部とか開発部に当たるものだ。これもまた、多くのトップが必要を感じ、評価する人材である。

だが劉邦はこれに留まらず、第三の種類として「補佐役」の蕭何を挙げている。劉邦の家来には大将軍が大勢いたのだから、当時の序列からいえば将軍の名前を三、四人並べてもおかしくない。また、忠実なボディーガードで親類の豪傑・樊噲《はんかい》などを出してもよかっただろう。それを差し置いて蕭何を出したのは、まったく機能の別な人材を意識し利用し

機能組織の原形図

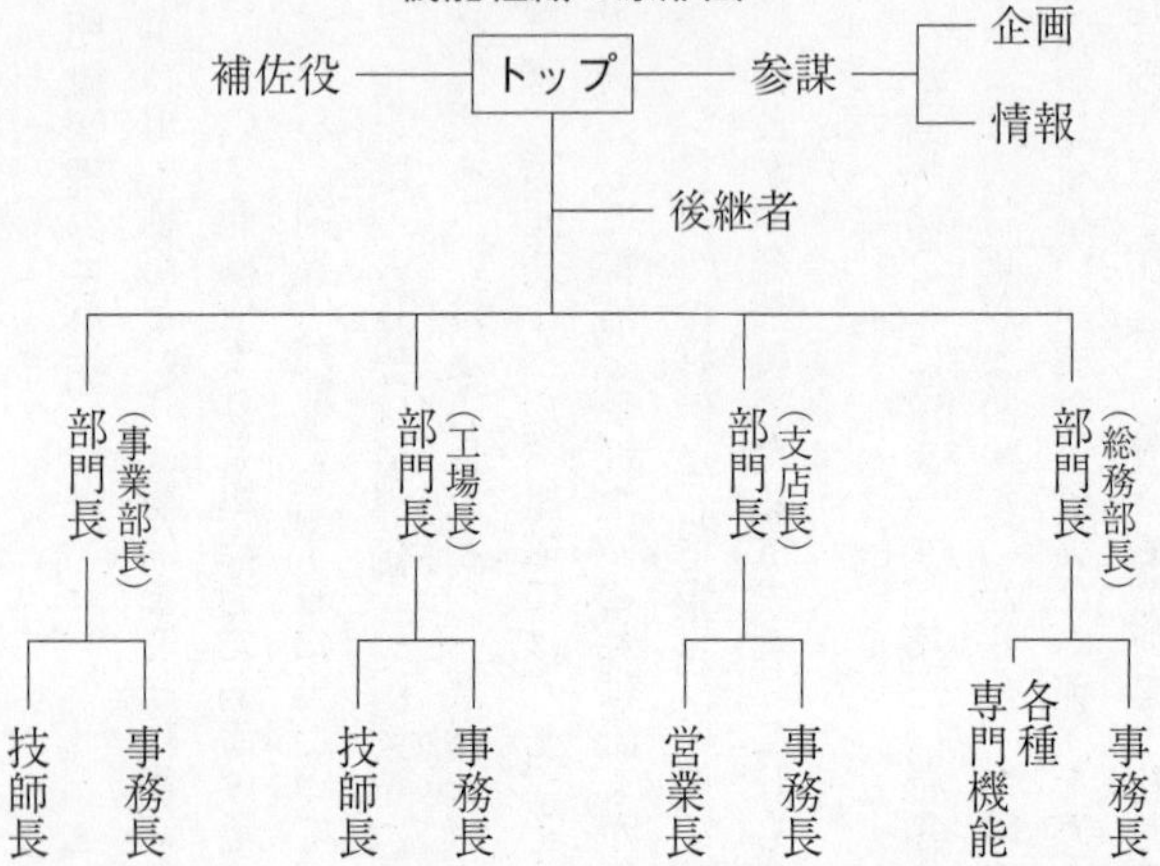

ていたからだ。ここに劉邦の組織に対する理解力が示されている。

今日においても、部門長（ライン）と参謀（スタッフ）の区別はあっても、補佐役を次期トップ候補や参謀長とは別の機能として意識し評価している組織は案外少ない。ましてや、補佐役向きの人材を、参謀と区別して育成し活用している組織は滅多にない。補佐役といえば、せいぜい秘書役か小姓頭のように見られがちである。

劉邦は、二千二百年の昔、戦乱の中でも既にそれを見抜いていた。そしてその適材を適所に使い、適切に評価していたのである。劉邦が「長者」と思われたのは、彼の人柄ではなく、組織力によって適材を配し、自らについてもトップにふさわしい人物としてのイメージ・メーキングをしたからであろう。

(2)　トップの役割

基本方針と総合調整

劉邦は、三種類の名臣を挙げた上、この三人を使いこなしたことこそ自分が天下を取った理由だ、と述べた。それこそが正に「トップ」の機能である。現場をそれぞれの担当者に持たせ、作戦や政策を参謀に練らせ、内部調整や庶務を補佐役にやらすとすれば、トップはただ泰然と座っていればよいというわけではない。馬上天下を取った劉邦は、「トップ」たる者のしなければならないことと同時に、してはならないことをもよく心得ていた。これが彼の組織者としての才能である。

まず、トップがしなければならないことの第一は、組織全体のコンセプトを明確にし、その組織の目的を誤りなく伝えることだ。戦乱の間、劉邦の組織の目的は、もちろん戦争に勝つこと、究極的には天下を取ることであった。劉邦はこのためにしばしば生命を賭けたし、恥にも耐えた。非礼な行いも凶暴な弾圧も敢えてした。項羽との休戦協定を破って東南に去る項羽軍を奇襲して、分割統治などでは満足できない組織の目的を明確にした。戦乱期には、理想に浸るよりも現実的である方が有利なことを全組織に見せるのには、それが効果的だったに違いない。

だが、戦乱が終わり覇権が確立すると、一転して秩序の形成者として振舞い、以降四百年にわたる漢王朝の基礎を確立した。そこではまず、漢王朝が機能組織であることを明確にし、昔の仲間（功臣）たちを次々に処刑した。韓信のいった通り、機能を終えた者は容赦なく処分したのである。同時に封建制よりも古代的絶対王制を目指すことを明らかにした。王公に封じられた功臣の処分は、その一環でもある。こうしたコンセプトは、前漢後漢を通じて約四百年保たれた。それが崩れて、各地に門閥・軍閥が自立した時、漢王朝は滅亡するのである。

第二は基本方針の決定と伝達である。劉邦は、漢王朝の基本方針を秩序ある安定性に求め、成長性を否定した。この点において秦の始皇帝とはまったく逆である。派手な建設事業は手控えた。それでも王宮だけは、王朝の権威確立に必要だといわれると立派に造った。すべてを安定永続の方針で貫いたのである。

第三にトップがしなければならないのは「総合調整」だ。数多くの部局が生まれると、各部局の長は自分の担当だけを優先して、全体の視野を欠く。A事業部長はA事業の進展だけを求める。だから、資金配分でも人事配分でもA事業部だけを優先したがるのは当然だ。A事業部の進展が他の事業部にいかなる影響を与えているかは考えないし、また考えるべきではない。従って、トップたる者は、常に事業目的と基本方針の擁護者として、全体の総合調整に当たらなければならない。漢高祖・劉邦は、補佐役の蕭何と共にその任に当たった。

組織というものは、前述のように、それを作った目的とできた組織が持つ目的とは異なるものだ。だから、組織を作った目的、つまり全体から見た合目的性を貫徹するためには、基本方針を徹底すると同時に、常に総合調整が必要になってくる。この総合調整業務を行うのがトップの仕事なのだ。

そのためには、あるときには一つの方面軍あるいは事業部・支店を抑制しなければならないこともある。また、あるときには特定の方面軍や事業部・支店だけに能力の集中を行わねばならぬこともある。前者の場合にはその部局の意欲も抑えなければならないし、後者の場合には当該部局の組織に、より上位の組織を設けることも必要になる。いずれも構成員の心理に打撃と混乱を生む事態である。

「意欲を抑える」のには、抵抗が強い。軍隊でいえば「士気論」である。「我が軍がこんなに燃え上がっているときに作戦を中止して撤退すれば、部隊将兵の士気にかかわる。これが一度衰えれば再興は不可能である」と、現場の司令官は常にそう言う。それを敢えて抑えなければならないのが総合調整の難しさである。トップたる者は、時には個人的な人情を捨てて、忠実な部下に不利益を与えなければならないこともあるのだ。

天下を取ったあとの劉邦は、専らこれに努めた。成長意欲の強い将軍たちを処刑し、策謀癖のある参謀を去らしただけではない。匈奴《きょうど》との戦いに一度敗れると、二度と戦おうとはせず、絹や米、一族の娘を贈るという屈辱的な和睦に甘んじた。あえて士気を低下させて平和を求めたのである。

「ことば」の指揮と雰囲気の指導

組織のトップの役割は、コンセプトの明示と基本方針の策定および各部門間の総合調整とである。コンセプト・メーキングには、組織の理想、性格、究極的な目的が含まれる。基本方針とは、それに至る道程の中長期的目標の設定だ。また、総合調整には、人員と資金の配分、各部門の現実行動と基本方針との調整、高級人事および人事評価方針の決定などがある。漢の高祖・劉邦が、天下を取るに至った「三傑」として、大将軍・韓信、名参謀・張良、良き補佐役・蕭何の三人を挙げたことは、自らの組織（漢王朝）では、この三つの機能を重視するという意思表示でもあった。

では、トップは、こうした役割をどのような方法で行うべきか。それには三つの方法がある。一つは、あらゆる意味での「ことば」を利用すること、訓辞、講演、文書、決算書、噂や口コミ、コンピュータ・アウトプットなどにトップの意図や意向を表明することだ。「ことば」は正確に意思と意向を伝える点では便利であり、複雑な内容も伝達することができる。その反面、正確、明確なだけに摩擦を高め、不満を生む欠点もある。だから逆に「ことば」には粉飾が避けられない。このため「ことば」はしばしば疑われたり、曲解されたりもする。「社長は口ではきれいごとを言っているが、本音はもっとガメつく考えている」といった見方が付きまとうものだ。

従って、第二の方法、行動による指導を伴わなければならない。トップが組織の長として行う行動の最も重要なものは、人員資金の配分と人事賞罰、そして情報ルートの選定の三つである。最後のものは交際範囲または信頼の対象といい換えてもよいだろう。

組織の長が、何を求め何を好み、何を避け何を嫌っているかは、この三つによって周囲に受け止められる。「ことば」では、社会貢献の重要性を説いていても、人事において売上げを伸ばした者だけを優遇していたのでは、社員はみな売上げ拡大に励む。「暴力追放」の訓辞を繰り返しても、暴力団幹部と親交していたのでは、誰も本気にしない。

しかし、現実の世の中は複雑であり、組織の長といえども思いのままに予算や人事を動かせるわけではない。そこで大事なのが、第三の「雰囲気による指導」である。特に、長期定着的な社会においては、雰囲気が非常に重要になる。トップの言動、表現、服装、関心度などは組織全体の雰囲気に少なからぬ影響を与える。トップが陽気にはしゃいでいれば組織全体が浮き立つし、暗く沈んでいれば消極的になる。トップ自身が倹約に努めれば、組織全体も節約すべきだという雰囲気になる。トップのかもし出す雰囲気が組織の中での尺度となり、さらには正義感にもなり得る。孔子が「君主は徳を以て天下を治めよ。君主に徳があれば世の中も自ずから不正を排除する」と考えたのは、君主（トップ）の雰囲気が広く伝わる点に注目したからだ。最近の証券・銀行の不祥事にしても、そのような事態が起こる雰囲気があったからであろう。その意味では、やっぱりトップの責任はまぬがれない。

漢の高祖・劉邦が大組織の長として適任だった、いわゆる「将に将たる器」であったというのは、組織のあり方をよく理解し、永続的な王朝のコンセプトを示し、基本方針を誤らず、総合調整が巧みで、その結果を人員予算の配分と人事によく実現した、ということである。

特にこの人の場合、雰囲気による指導に長けていたらしい。劉邦が「ことば上手」だったという記録は見当らないし、清廉かつ勇敢だったという賞賛も少ない。しかし、彼が生み出した雰囲気については、多くのエピソードがある。

司馬遷の『史記』には、漢朝創建の功臣で燕王《えんおう》に封じられた盧綰《ろわん》という将軍の話が書かれている。天下平定ののちに、他の多くの功臣と同様、逮捕命令を受けた盧綰は、長城の北側に逃亡したが、長城のすぐ北を長くさまよっていた。いずれの日か皇帝になった劉邦に会えば自分の疑いは晴れるに違いない、と信じていたのである。しかし、やがて劉邦が死んだと聞くと、「わがこと去れり」と遠く匈奴の地に消えていった、というのである。盧綰には、苦しかった内戦を共に戦った劉邦の雰囲気が忘れられなかったのだろう。無学で無作法で無節操でさえあった劉邦が、「長者」といわれたのも、主としてその風貌や立居振舞いが生み出す雰囲気の故に違いない。

(3)　現場指揮者と参謀

専門知識と人心掌握

現場の指揮者、劉邦の挙げた例でいえば韓信の果たした役割には、どのような能力と人柄が大切で、どんな人材が適切だろうか。

機能組織の現場というのは、ある特定の作業、つまり目的追求行為を行うところなので、その指揮者は、まず第一に専門的な知識が深くなければならない。軍司令官であれば、軍隊の編成から作戦、地形や敵状の把握、兵器の管理と使用等々が確実にできる人物でなければならない。

第二には、適切な判断力が必要である。与えられた目的達成のためには、その時その場に応じた判断を下し、明確な命令を下し実行する必要がある。これには、少なくとも短期的な先見性と決断力がなければならない。現場指揮者に必要な判断力とは、この二つのことだ。

第三には、勤勉さが欠かせない。知識があり、判断が正しくとも、それを実行に移せない怠惰な人間では現場の長は務まらない。やはり、衆（部下）に先がけて実行する、労を嫌わず好機には立ち上がり、真っ先に敵陣に駆け込む勇気と行動力が大事である。

第四には、それぞれの指揮する部門の大きさに応じた範囲内での人心掌握力が大切である。軍隊でいえば将兵の心を捉え、「あの隊長のためなら決死の行動も」と思われるようでなければならない。工場長であれば多少の無理をさせられるほどに従業員の信望がなければならない。

孫子と並んで「兵法」で有名な呉子（呉起）は、傷付いた兵士を介抱するために自ら血を吸って治療を施した。これを見てその兵士の妻は、「わが夫は将軍のために生命懸けの戦をして死ぬだろう」と嘆いたが、果してそうなったという。兵法は現場指揮官の技術である。その名人だった呉起将軍は、部下の人心掌握にも長けていたのである。

但し、部門長の行う人心掌握は、あくまでも「その範囲内での」であって、世間一般の人気取りであってはならない。従って、部下のためには世の非難を浴びてもやり遂げるような人物の方がよい。もし、現場の指揮官が、部下よりも世間一般の人心掌握を考えるような人物なら、必ずやトップと衝突することになるだろう。

そして最後に、敵を恐れぬ程度の勇気とトップを恐れるほどの臆病さが望ましい。組織の名人だった劉邦は、数多い配下の将軍の中から最良の軍司令官として、敢えて韓信を選んだのは、この男には勇気と共に臆病さもあったからだ。

日本史上最強の機能組織を作り上げた織田信長は、豊臣秀吉や明智光秀のような有能な男を取り立てた一方で、柴田勝家や丹羽長秀ら、より平凡な家臣たちをも重用した。彼らは信長を恐れる臆病さがあった点でも、良き現場指揮官だったからだ。実際、信長は、部下が自分を本当に恐れているかを、しばしば試している。徳川家康に敢えてその長男・信康を斬らせたのもその一つだ。秀吉も一時は勘気に触れ、閉門蟄居させられた。明智光秀には母を人質にして降伏させた波多野兄弟を処刑させた。ために光秀の母と称する老女は、波多野の家来に殺されている。勇気のあり過ぎる現場の長は、組織全体にとっては、時として危険な存在ともなるのである。

参謀とは情報分析とハウツーのプロ

参謀とは単なるトップの相談相手ではなく、動員計画から作戦や陰謀までを企画するスタッフである。従って、「創造力」が重要である。現場の司令官には専門知識と人心掌握力が必要だが、創造力は必ずしも重要ではない。むしろ創造力があり過ぎるために失敗することも珍しくない。これに対して参謀の能力は、まず創造力によって決まる、といってよい。

創造力とは空想や思い付きではない。創造力の裏付けには的確な現状把握と将来予測がなければならない。従って、まず第一に、参謀は情報の収集と分析を好み、先見性を養う必要がある。

第二に、参謀の創造力は常に実現可能性がなければならない。発明家や小説家ならば、十の企画のうち一つないし二つが成功すればよい。かのトマス・エジソンでさえも、試みた発明のうち商品化できたものは二割にも満たないという。しかし、組織の参謀ともなれば、企てた計画が実現可能性を備えていなければならない。このためには、軍隊でいえば動員計画から戦後処理まで、企業ならば資金・人員・施設の計画から運営販売までの整合性ある創造力が要求される。従って参謀は全体を俯瞰する広い視野が必要である。

第三に、企画に対する積極性が必要だ。とかく既成の大組織では、問題点を並べて新規事業を批判する側に回る者が多い。会議の席では、積極的推進派よりも問題点疑問点を並べる消極的批判派の方が頭脳明晰に見えるものだ。推進派が並べる楽観的な見通しは予測値に過ぎないが、批判派が指摘する問題点は、数値や法規、技術、資金などの具体性を持っているのが常だからだ。

従って、出世だけを目的とした小ずるい利巧者は、大抵まず一度は批判派に回る。それも明確な反対ではなく、問題点を並べて慎重な検討を求める曖昧な批判だ。これだとその事業が成功した時にも、功を分ち合うことができる。既成の大組織が環境変化に対応できないのはこのためである。参謀となる者は常に創造力を働かせ、積極的に新規事業や新作戦を企画提言するのが好きでなければならない。

参謀型人間との付合い方

要するに、参謀型の人間とは、常に事を起こしたがるタイプなのだ。本来は何もすべきでない平和な時代でも、常に創造力を巡らし、何か事件を起こそう、新事業をはじめようと企画立案を楽しみにする。だから、この種の人間との付合い方には、トップは用心を怠ってはならない。

豊臣秀吉が天下を取ってから、黒田如水（官兵衛）を豊前の大名にして側近から遠ざけたのは、まことに賢明な判断だった。

俗説によると、秀吉は黒田官兵衛の才能を恐れ、やがて自分の死後は黒田が天下を取るのではないかという危機感を持って遠ざけたといわれているが、ほとんど信じるに当たらない。徳川家康や前田利家のような大物を恐れなかった秀吉が、黒田如水ごときを恐れるはずがない。秀吉が恐れたのは、事を起こしたがる黒田如水の参謀的性格であった。

事実、黒田如水は、豊臣の天下が固まったあとも常に事を起こそうとして、大名家の縁談や跡継ぎ問題に熱心に干渉する。例えば、毛利輝元に跡継ぎがいないのに着目、太閤の妻ねねの甥の羽柴秀俊なる人物を養子にしようと策謀する。これを知った小早川隆景（毛利輝元の叔父）は、本家を乗っ取られるのを嫌って秀俊を自分の養子とし、小早川秀秋と名乗らせた。一見豊臣家には忠義のようだが、こんなことを繰り返されたのでは、豊臣政権の結束が保てない。参謀に適した者にはこうした策謀癖がある。

漢の高祖が天下を取ったとき、名参謀・張良が「共に天下を治めるに能ず」と言って去ったのは、自分の策謀癖がやがて生命の危険になることをよく知っていたからだろう。

その点でも張良は、自らを知る名参謀だったし、おそらく去らざるを得ない雰囲気を漢の高祖・劉邦も作ったのであろう。

近代において、参謀の地位を確立した最初の組織はプロイセン陸軍、のちのドイツ参謀本部である。ここには、参謀の人事評価について注目すべき基準があった。まず各人の評価を「能力」と「意欲」に分け、参謀として最も要職に付けるべき人材は、「能力大にして意欲小」なる者、次は「能力・意欲共に大」なる者、第三は「能力・意欲共に小」なる者とし、絶対に要職に付けてはならないのは「能力小にして意欲大」なる者としている。

能力が乏しいのに意欲満々の者が要職の参謀となれば、不適切な計画や作戦を立案するばかりか、自己の案に固執し軍全体の均衡を失わせる恐れがあるからだ。

参謀は創造力に富んだ企画好きでなければならないが、それがトップまたは中央管理機構に拒絶された時には、固執しない発想の軽さが必要なのだ。

実際、能力十分な参謀なら、ただ一つの案に固執することはない。次々と新しい計画、作戦を創造できるはずである。

(4)　得難い補佐役

問題の発見と早手回しの解消

世の組織を運営する上で、最も得難い人材は補佐役である。歴史上の物語や記録にも、補佐役がクローズアップされていることはきわめて少ない。

十年ほど前、日本史上「最良の補佐役」ともいうべき豊臣秀長（大和大納言—秀吉の実弟）を主人公にした小説（「豊臣秀長　ある補佐役の生涯」『堺屋太一著作集』第四巻所収）を書いた時には、この人に関するまとまった記録が乏しく、織田信長や豊臣秀吉から大友宗麟に至るまで、多くの人々の記録に散見する秀長関連の記述を集めなければならなかった。それは、補佐役の次のような性格と機能から来る必然的な結果である。

補佐役とは、隠れている小さな問題点や日常的に発生する庶務雑事を発見し、その解消に努める役である。そのため、補佐役の業績は目立たないし、目立たないようにしなければならない。従って、外部からはもちろん、組織の内部でも補佐役の功績はほとんど顕在化することがない。何をしているのかよく分からない、とにかく小うるさく動き回っているだけという感じになり易い。こうしたことを円滑に行うためには、補佐役は常にトップと一体化しなければならない。補佐役の任務は、トップの行う総合調整の事前処理であり、その結果必要となる微調整であり、前進するトップの後方固めでもある。それを摩擦なく迅速に行うためには、問題が顕在化する前に手を打つ前面防衛《フロント・バンガード》的処理が最善である。

補佐役にとって重要なことは、他人と功績を競わないことだ。小さな不満、まだ目立ってはいないが組織全体に鬱積する問題点などを発見し修正するためには、特定の分野や機構に不利益を与えることも多い。従って、その事の成就が補佐役個人の功績となれば、たちまち反感反発が生じる。だから補佐役は、常日頃から「決して功を競わぬ人」と信じられていなければならない。

このことは、史上の名補佐役のあり方にもよく表れている。例えば、チンギス・ハンの補佐役として大モンゴル帝国の基礎を築いた耶律楚材《やりつそざい》である。チンギス・ハンは死に当たって、後継者に選んだ三男のオゴタイ・ハンに耶律楚材を指し示して、

「この人は天が我が家に授けた重要な人材だ。全てこの人の言うことに逆らってはならない」

と言い遺した。その耶律楚材が生涯の座右銘としたのは、「一利を興すは一害を除くに如かず。一事を生かすは一事を省くに如かず」（利益となる事を一つ始めるよりは、従来害で

あることを一つ除いた方がよい）、つまり「省事」であった。これは補佐役たる者の最も重要な心構えといってよい。自ら新しい事業を興そうとか華々しい勝利を得ようとするのではなく、どこに問題があり、どれを除けばよいかを常に考えなければならないのである。

国家や軍隊では、大発展、大勝利は記録されている。企業では、新しい事業を興した人、新しい工場をつくって新しい市場を開拓した人の名は社史に特筆大書されている。だが、衰退した分野、害になる機構を除去した人のことはまず出ていない。従って、補佐役の名前が歴史に残ることは非常に少ない。耶律楚材にしてからが、著書『西遊録』に名を留めるほかは、先のチンギス・ハンの言葉で、その重要な役割が知り得る程度である。

補佐役の三条件

フランクリン・D・ルーズベルト大統領の補佐役であったホワイトは、「匿名の情熱」という言葉を残している。補佐役たる者は自分の名が顕れない匿名にこそ情熱を持つべきだ、というのである。自分の書いたものがルーズベルトの名で発表されることに喜びを感じる。自分の発案した法案が与党何々議員の名前で出されたことに満足する。いやむしろ、自分の名が出ないからこそなお嬉しい、そんな性格が補佐役には必要なのだ。

補佐役の第一の条件は、この「匿名の情熱」、つまり自分の功を顕示しないことへの歓びである。それだけに補佐役を使いこなすためには、トップが全幅の信頼を与え、万全の対価を支払うように考えなければならない。

豊臣秀吉は、弟・秀長に対して生涯変わらず豊臣家の領地の一割を与えた。秀長が大活躍をしたときも病気で寝ているときも、これは変わらぬ原則だった。この信頼があったからこそ、秀長は生涯、他の武将と功を争うことがなかった。秀吉の天下取りに関わる三つの重要な戦――天王山の戦い、賤《しず》ヶ岳《たけ》の戦いおよび小牧長久手の戦い――では、いずれも秀長が最大の功労者だが、生涯それを語ることはなかった。それどころか、自らの病気平癒の祈禱さえさせなかった。それは、「兄秀吉と一体」というこの人の誇りでもあったろう。

漢の高祖・劉邦が名補佐役とした蕭何も同様である。劉邦と項羽が死闘を続けていた間、蕭何は劉邦の領地となった漢中にとどまり、内治と兵糧輸送に当たっていた。派手な戦功はなかったが、劉邦の軍が項羽よりも軍律があり、劉邦が情深い長者といわれたのは、兵糧の略奪が少なかったからだ。このことを劉邦は高く評価して、韓信以下の功臣を処刑し、名参謀張良を追放した後も、蕭何だけは次代の総理大臣（相国）に推挙して死んだ。

補佐役の第二の条件は、トップの基本方針の枠を超えないことである。補佐役は、あくまでもトップと一体なのだから、自ら方針を立てたり、事業や作戦を企画してはならない。このため、名補佐役といわれた人物も、トップを失えば無能になることが多い。かの耶律楚材でさえも、晩年にはオゴタイ・ハンの皇后に嫌われ、その地位をアブドゥール・ラフマンに奪われた。チンギス・ハンほど明確な基本方針のないオゴタイ・ハンの下では、十分な手腕を発揮しえなかったのだろう。

漢の高祖・劉邦が選んだ補佐役・蕭何も、相国としては法制税制の整備に功績があったが、劉邦夫人・呂后一族の専横には手をこまねいていた。あえてトップの人事や権力闘争には口出ししなかったのである。

「二十世紀の名補佐役」ともいうべき周恩来中国首相のやり方もこれに似ている。トップ毛沢東の基本方針に忠実で、「文化大革命」も「四人組」の跋扈にもほとんど抵抗していない。補佐役の限界と節度というものであろう。

第三の条件は、絶対に「次期トップ」ではあり得ないことである。耶律楚材や蕭何の場合は、皇室の血統ではないので「次期トップ」とは思われなかっただろうが、秀長や周恩来には、その可能性はあった。

だが、彼らがトップの後継者と見なされたことは、まったくない。秀吉は長く子なしで甥の秀次を後継者にするが、甥よりも近親の弟・秀長にはそのような噂さえ見当らない。周恩来も中国のナンバー・ツーだったが、毛沢東の跡を継ぐと思われたことはない。毛の後継者は劉少奇、それが倒れると林彪《りんぴょう》、それも倒れると華《か》国鋒《こくほう》となる。この間、周は常にナンバー・ツーにとどまっていた。

補佐役が次期トップと思われれば、現トップとの一体感が失われ、他者と功を競うことになるからである。

悪役——「負の補佐役」の意義

さらに組織が大きくなり古くなれば、劉邦が挙げなかったいくつかの機能も必要となる。その一つは、「内なる敵」、つまり「悪役」の存在である。うまくいっている組織には、しばしば「あの人がなぜ出世したのか分からない」、「どうして社長はあんな奴を側に置いているのか」といわれる重役がいるものだ。しかし、その人は、そういわれることで機能を果たしている場合もある。「なにしろあいつがいるから話が通りにくい」、「社長はよいがあの側近が悪い」という常務クラスがよくいるが、これが適度に作用しているならば、一種のチェック機能であり、トップの防壁にもなっている。いわば「負の補佐役」ともいうべき存在なのだ。

組織が、常に外的評価と緊張感を持続するためには、組織の中に一種の摩擦と反面教師が存在することも有効になって来る。これを有効な範囲にとどめることができれば、組織がマンネリズムに陥るのを防ぎつつ円滑に機能させることができる。

悪役のもう一つの機能は、トップや参謀に対する批判を、多くの者が認める「悪役」批判として吸収する点である。どこの組織でもトップは批判し難い。実力参謀や部門長に批判が集まれば内部抗争にもなりかねない。そんな時には「悪役」批判の形で互いの主張を戦わすことができるのである。

もし組織の中に、この役割を全うし、なおかつ矩《のり》を踰《こ》えずに害をなさない人物がいれば、これもまた貴重な人材である。ただこの種の人物には、トップにだけは頼もしく見えるので、本当の権力を与えると大きな害をなす恐れがあることも忘れてはならない。

(5) 後継者

魅力ある危険なポスト

最後に、組織が永続する上での重要問題として、「後継者」の選定または育成がある。歴史を見ると大組織が良き後継者を得られずに滅んだことも多いし、後継者をめぐって叛乱や内紛が起こった例も非常に多い。

血統によって帝王位を継いだ昔は、兄弟といえども帝王位をめぐるライバルだから、しばしば激烈な後継者争いになる。特に妻妾が多かった時代には、異母兄弟の争いが絶えなかった。自分の子供たちが仲良く協力して、事業を継承発展させてくれるのは、親の願いであり、親の目から見ればたやすいことのように思えるだろうが、それが組織のトップという権力の座になると、そう簡単ではない。この点は、帝王の位が企業の社長に置き換わっても、本質的には同じである。

組織の安泰を図るために、早々と跡取り（皇太子）を決めた方がよいといわれるが、そうしたばかりに、親子の間で生命懸けの戦いが起こった例さえ少なくない。歴史の中には「皇太子殺し」あるいはその逆の「皇太子クーデター」がなんと多いことか。

例えば、漢王朝七代目の武帝は、漢帝国の最盛期を築いた偉大な皇帝だが、皇太子とその母（皇后）を殺害している。豊臣秀吉も一度は後継者と定めた養子の秀次を切腹させた。チンギス・ハンでさえ、一時は長子・ジュチを疑って討伐の軍を起こそうとしたことがある。武田信玄は、父信虎を追放して甲斐の旗頭となったが、のちには長子・義信を自殺に追いやった。組織のトップの後継者（皇太子）というのは、魅力もあるが危険も多い立場なのだ。

近代の政権や企業になると、血縁親族ではないだけに、後継者争いはもっとドライに行われる。毛沢東は、後継者と目された劉少奇や林彪を次々と死に追いやったし、日本の自民党では佐藤栄作—田中角栄—竹下登—小沢一郎と「皇太子クーデター」が繰り返されている。

こうしたことが生じるのは、組織のトップという権力の座にはまぬがれ難くつきまとう「悲劇」だ。というのは、トップが次期トップとして後継者（皇太子）を定めると、その途端に後継者の周囲には「皇太子の側近」閥が形成される。次の時代に良い地位に就こうとする野心家が集まるからだ。そしてその多くは、現状では不遇な不満分子だ。

一方、現在のトップの側近たちは一日も長く現状を保ち、自分たちの地位と権力を維持しようとする。だから「皇太子の側近」が早期交替を願うようになれば、現トップの側近との対立は避け難い。たとえトップと後継者とが親子兄弟で、個人的には愛情でつながっていても、双方の周辺の対抗意識と憎悪は高まり、互いに自分が擁立するトップや後継者に相手側の側近の悪評を吹き込む。「御本人は御立派だが、お側衆が悪過ぎる」といった言葉である。

これがつのると、やがて本人同士も疑惑に捉われ、後継者の方は「このままでは組織がダメになる」と焦り、現トップは「あんな奴には譲れない」と思い始める。それが伝われば、もう近親憎悪、「殺るか、殺られるか」の争いになる。歴史の中の皇太子殺しや皇太子クーデターは大抵そんな経過を辿って起こっている。

ごく一般論としていえば、トップは後継者を早期に決め、在任中から皇太子教育を行うことが望ましい。しかし、それには常に、現時点での権力集団と次期権力を狙う待機集団との「縦の分裂」を招く危険を孕《はら》ますことになる。

組織において、その地位を長く保つ最も確実な方法は、功績を上げることでもなければ権力を強めることでもなく、後継者を作らないことである。もし、貴方が企業の中で、特殊な分野の専門家として権力の地位にあるとすれば（例えばＰＲの数少ないプロといわれているような場合）、その地位を長く保ちたければ、部下を長く留めるべきではない。貴方の次席を二年以内に代え、専門分野とその人脈に深入りさせないことだ。逆にいえば、そのようにしている者が貴方の会社にいれば、用心した方が良い。その地位を保つことだけを目的とする無能者である場合が多いからである。

これが組織の頂点に立つトップであれば、他からの圧力で追われる恐れも少ないので、有力な後継者を作らず、地位を保つことも可能だ。最近の企業でも、この方法で八十歳を過ぎるまで現役会長として実権を振るった人物もいた。だから、トップの心中には後継者を決めたくないという心理が働いているのが、むしろ普通である。また、トップとしては、複数の後継者候補を置いて競い合わせたい心理も生まれる。一人を後継者と定めることは、他の人々に「次期トップの可能性がない」と宣言することだから、心苦しくもある。だが、こうしたトップの逡巡は、しばしば複数の派閥が生まれる「横の分裂」を招くことになり易い。これもまた組織にとっては有害なことである。

トップが後継者を見る目は個人である。しかし、組織の中での後継者は、常に多くの側近を抱えた集団なのだ。

正の継承と負の継承

史上の名君の中には、帝王位に就くまでは阿呆を装い、前任者とその側近のいいなりになっていたが、一旦帝王位に就くやガラリと豹変、バリバリと改革人事を行ったという人物も多い。有能さや個性を見せることで、現トップの側近に恐れられ、「皇太子殺し」にあうことを避けていたのである。

組織のトップが権力の座にあれば、その周辺にありたいと願う者は多い。当然、現トップの側近は、次期にもトップの側近でありたいと考える。現トップも自分の側近を次代にも使わせたいと思うはずだ。側近は、有能忠実と見たから側近にしたのだし、自分に忠実な者が次代にも有力な立場にいて欲しいと思うのも通常の心理だ。その上、これが確実であれば、現トップと後継者との対立も少なくなるだろう。双方の側近同士が反目することがないからである。

しかし、これは次期トップ（後継者）にとっては憂鬱なことであり、無能化を強いられることでもある。前トップの側近は、前トップを最良と考え、そのやり方を唯一の適切な方法と信じる人々だ。だからこそ側近となり得たのだし、忠実に務めもしたのである。従って、新トップが前任者と違えば、たとえそれがより良いことであっても批判的に見る傾向がある。つまり新トップが個性や能力を発揮して、新しい事業ややり方をはじめれば、ことごとく懐疑的になるわけである。

史上の帝王から今日の社長まで、後継者としての生き方には三つのタイプがある。第一は、事業も人事も、前トップのすべてを引き継ぎ、そっくりそのまま真似をすることに努める方法である。この場合は、前トップが積極的な性格なら、それをも踏襲しなければならない。上杉謙信の跡を継いだ上杉景勝《うえすぎかげかつ》は、これを実行した人物だった。このため景勝は、「義将」といわれた謙信同様、豊臣秀吉への義を守って徳川家康にさえも一度は立ち向かった。もし景勝が、義よりも利を重んじて徳川家康のいいなりになっていたとすれば、上杉家は内部分裂して、お取潰しの憂き目を見たことであろう。

第二は、前トップの重用した老臣や重役にすべてを任せ、自己の意志を出さない方法である。いわば自らを虚しくすることで、その地位を保つ消極的な守成の道だ。毛利元就の跡を継いだ毛利輝元はこの道を選び、二人の叔父・吉川元春《きっかわもとはる》、小早川隆景の指示を重視した。彼は隆景の指示通り豊臣秀吉に膝を屈して毛利家を保つことには成功したが、その死後はよき重臣を欠いて苦労することになる。

第三は、前トップとはまったく違うことをする方法だ。この場合は、前トップから財産とのれんを引き継ぐだけで、新しい出発となる。ただこれには前代の人脈の抵抗が強く、踏み出すタイミングは難しい。

前田家二代目の利長は、義理と人情に厚かった父・利家とはまったく逆に、母親を徳川に人質として差し出すことで加賀百万石を保った。利長は、父・利家の死の直後、関ヶ原合戦の直前という絶好のタイミングに、そんな変身を遂げた。もし、関ヶ原の合戦が、あと五年も起きなかったなら、先代に比べてあまりにも不甲斐ない二代目に家臣団の分裂が生じたに違いない。後継者（二代目）とは、先代から大きな遺産を得ると共に、必ず「負の遺産」をも引き継がねばならない立場なのである。

第四章　組織の「死に至る病」

健全な組織は生き続ける

伝統もあり、資産も多く、規模も大きい「立派な組織」は、簡易に消滅するものではない。無能な人物がトップになったとか、組織内に悪辣分子がいて汚職をした、あるいは不慮の災害で大損害を蒙ったといったような偶発的な原因では、大組織が滅亡することは、まずあり得ない。組織体質が健全であり、組織気質が正常であれば、内部の自浄作用と修復機能が必ず働くからだ。

無能なトップは短期間で地位を追われるし、悪辣な腐敗や汚職は早期に摘発される。災害や事故も有効な保険と分散で死に至るほどの被害には至らない。しかもそのあとでは、蒙った被害を取り戻すべく一層の改善と努力がはじまるので、やがては回復するはずである。もちろん、一時の不況や価格変動ぐらいでは、揺らぐものではない。一時の赤字は危機感を募らせ、事業の再編成やコストの削減が実現するからである。

もっと深刻な社会環境や技術条件の抜本的変化にも、生き残った組織は少なくない。ドイツ国防軍は、第一次大戦の敗北とヴェルサイユ条約の厳しい軍備制限にもかかわらず、政治勢力と軍事機能を保った。十五年間も兵員僅か一〇万人に制限されていたが、全員が将校・下士官としての教育能力を持ったため、ヒトラーによって再軍備がはじまると、たった五年でヨーロッパ最強の軍隊に蘇生した。

イギリスの保守党やアメリカの共和党は百数十年の社会変化をくぐり抜けて、巨大な政治組織として生き続けている。両党とも、何度か消滅の危機に曝されたが、その都度、環境変化に対応した思想と組織を再編成している。ロシア正教や中国の仏教寺院は革命と弾圧の中でも組織を温存し、最近はかなりの復活を見ている。日本の自由民主党も、再三の疑獄事件による「世論」の批判にもかかわらず、四十年近くも政権党であり続けて来た。

特に企業の場合は、究極の目的が利潤追求だけに転換の自由度は高く、生き残りもやり易い。アメリカやドイツには、石炭から出発しながら鉄鋼・化学・セメント、石油などに転換して成功した企業も少なくない。馬具という救いようもない衰退産業からも、フランスのエルメスやドイツのアイグナーなど、ファッション産業に転換して世界的名声を得ている企業もある。

日本の造船業も、戦前には軍需と客船に依存するところが大きかったが、戦後は大型タンカーの建造で世界的名声を得、さらには陸上部門を開拓して一層の発展を見た。ゼンマイ時計からエレクトロニクスに、メーカーから流通業に、植民地経営から国内販売へと、様々な形の転換を行って一層の発展を見た企業は、世界に例が多い。企業という組織形態は、実に対応力に優れているのである。

だがその一方では、伝統も名声も、資産も規模もある組織が、実に短時間に滅亡する例も少なくない。組織の体質が冒され気質が異常化し、自浄作用も転換再建も不能に陥った場合、巨大組織の「死に至る病」に罹《かか》った場合である。

その原因は、ただ三つしかない。第一に「機能体の共同体化」（または「共同体の機能体化」）。第二は「環境への過剰適応」。そして第三は「成功体験への埋没」である。ここでこれを特に強調するのは、現在の日本の大組織がこの三つの病いに冒されている可能性が高いと危惧するからである。

(1)　機能体の共同体化

組織に内在する危険な病因

前述のように、組織には機能体と共同体がある。共同体とは構成員の幸せを追求するための組織であり、機能体とは一つの目的を達成するための組織である。ところが、軍隊とか官庁、企業といった機能体が、「構成員の共同体化」する危機は常にある。

組織には自らの拡大を求め、内部の結束強化を追求する本能的な欲求がある。つまり、組織は組織の作られた目的とは別に組織自体の目的を持つ。そしてそれは、構成員の組織人としての幸せ追求にも通じている。従って、組織が確立し、構成員が固定化するようになれば、その地位向上と権限拡大とが、組織全体の目的と化すことになり易い。これが強まり慣習化すれば、構成員の間に共同体意識ができ上がり、専ら構成員の幸せを求める「構成員共同体」になってしまう。軍隊でいえば「軍人共同体」、会社でいえば「社員共同体」、官公庁でいえば「役人天国」である。

この現象の恐ろしいところは、一旦共同体化がはじまれば、それを肯定する人事と資源配分がますます強化され、やがては「正義」を以て語られるようになってしまうことだ。共同体化した組織において高い地位と大きな権力を持つことだけを願う小心な野心家は、構成員の推挙を得ようとして、構成員の幸せ追求、つまり共同体化を一段と徹底するようになる。

しかもこれには組織を強化する、つまり構成員の「結束を固くするため」、「士気を向上させるため」という大義名分も付加されるから抵抗し難い。「社員のため」、「軍人のため」というのは、自己の野心を隠すキャッチ・フレーズにもなり得るのである。

もちろん、ここでいう「構成員の幸せ追求」というのは、生活者としての幸せではなく、組織人としての幸せ、つまり、組織内での公平性と安住感の充実、権限の拡大および外部に対する格好良さの追求である。従って、これを追求することで組織内の人気を得て出世しようとする野心家は、外部の好感と同意を得る粉飾も忘れない。その最も単純な方法は、組織人以外での不幸を敢えて甘受することだ。それは経済的犠牲と自由の放棄、つまり給与を上げずに長時間勤務に精励して、生活者としての自らを犠牲にすることである。

共同体化した組織の構成員は、比較的安い給与で長時間働き、世間の同情と清潔な印象を得ようとする。このため、その推進者は、しばしば人格者、清潔な人物という評価を受ける。しかし、実はこれほど利己主義な行動はない。自分の出世のために組織本来の目的を無視して、構成員の評価を得ようとするのは、最も悪質な出世主義にほかならない。第一章で述べた昭和初期の日本帝国陸海軍は、真にその典型だったといえるだろう。

そうなると、組織本来の機能は無視され、構成員の幸せのみを追求するようになるから、急速に機能は低下する。しかも、機能低下を促進する人物がさらに評価されるのだから、一段とそれが進むという悪循環が起こってしまう。つまり自浄作用が働かないのみならず、悪化が悪化を促進する形になるわけである。

腐敗よりも恐ろしい頽廃

機能組織の共同体化を招く根本的な原因は、組織倫理の頽廃である。

倫理には腐敗と頽廃がある。腐敗とは、悪いと知りながらも悪辣な行為が横行する現象である。汚職や権限の濫用、身内人事などは、倫理の腐敗に当たることが多い。これに対して倫理の頽廃とは、何が悪いか分からなくなる現象だ。世間一般では罪悪とされていることが、一つの組織の中では正義と認められているとすれば、倫理の頽廃の極みといえる。いわゆる暴力団はその典型だ。

ごく普通の組織で起こり易いのは、その組織が作られた本来の目的から逸脱し、自己の主観的倫理と美意識のみに埋没してしまうことであろう。例えば、工場が安全基準の達成や製品の品質向上に陶酔して、コスト感覚を失うことも珍しくない。ある支店が売上げを伸ばすために、同じ会社の他の支店の活動を妨害していながら、数字の上の伸びだけを喜ぶこともよく起こる。当面の事業達成のために、世の法令や常識を犯して、結果的には全社的損失を蒙った例は、バブル景気の中でも多かった。いずれも長期継続的に利潤を追求する企業の本質からいえば、倫理の頽廃である。

中でも著しいのは、利潤採算という形で結果の出難い官公庁や軍隊の場合である。日本の各省庁は、本来、日本国民全体の幸せのために機能すべきものだが、今やほとんどは自省の目的追求だけを正義と考えるようになっている。大蔵省主計局は財政均衡だけを考えて国民経済の均衡を配慮しない。銀行局は金融機関の保護のために預金者の利益を考えない。農林水産省は米作農家と農協の保護のためには、日本を国際的孤立に陥れても平気である。特にこれが激しいのは文部省（現文部科学省）、厚生省（現厚生労働省）、そして警察だ。この三つは、消費者側の意見を聞くことがないし、聞く必要もないと思っているからである。

文部省（教育）の消費者は生徒、つまり子供である。厚生省（医療）の消費者は病人だ。エリート意識の強い役人が、子供や病人の意見を聞くはずがない。警察に至っては対象が犯罪人だから、なおさらである。殺人から交通違反まで、警察が手を出せば相手は犯罪者、少なくとも違反容疑者になってしまう。

この結果、これら三つの分野では、コスト意識がまったくない。教育や医療の費用はどんどん上がるが、それも当然といわんばかりである。警察になると、要人警備のためなら、どれほど交通渋滞を起こしても苦慮することがない。日本だけが、東京赤坂の迎賓館以外でサミットができないという現実を、恥とさえ思わない。自らに明確な責任が降りかからない限り、国民生活の阻害も国威の損傷も気にならないのだから、官僚倫理の頽廃は著しい。

もっとも、こんなことを指摘しても官僚組織が反省し改革されることはあるまい。それが「悪い」と分からないことこそ、倫理の頽廃なのだから。

共同体化の尺度――①年功人事

機能組織の共同体化の恐ろしさは、組織内部では発見し難いところにある。倫理が頽廃すれば、本来の目的追求が放棄されてしまうので、構成員の評価尺度も狂ってしまうからだ。

だが、それを外形的に捉える尺度が三つある。その第一は、内部競争の排除である。その象徴は能力主義の否定と年功人事の確立と見て間違いがない。組織の構成員が幸せであるためには、構成員相互の競争はない方が望ましい。みんなが気楽な組織に安住し、収益と権限と地位を分け合える状態ほど幸せなことはない。従って、組織の共同体化が進むと、組織の中から構成員の個人的競争を排除する動きが必ず起こる。その象徴的な現象は、人事において抜擢を行わず、能力差をつけないことだ。共同体化した組織では業績評価や勤務評定を拒否する動きが生じるのが常である。

では何によって地位や役職を決めればよいのか。それは客観的に分かり易く本人の努力で変え難い事実を基準にすれば、競争の必要がなくなる。それに最もふさわしいのは、年齢または参加順位（入社年次）である。これだけは誰が見ても明確な上、本人の努力で変わることがない。従って、共同体化した組織では、必ず年功序列人事になるし、年功序列人事を採用すれば必ず共同体化が進む、といってよい。

今日、日本の大企業では、一定の地位までは年功序列による人事を行っている。中央官庁はさらに徹底しており、いわゆるキャリア組は各局総務課長になるまでは、同期生の間に差をつけない。また、そのあとも勤務している限りは必ず地方局長までは昇進させることになっている。万一、キャリア組の中でそれに不適任な者がいれば、出世を止めて低い地位に留めるのではなく、必ず馘《くび》にするのである。中央官庁のキャリア組に自殺者が多いのは、「落ちることを許されない者」の苦悩でもある。

旧日本陸海軍でも、昭和に入るとこの制度が極度に徹底していた。明治の建軍のときは全くの白紙状態から組織をつくったため、完全な機能組織ができ上がった。ところが、やがて陸軍幼年学校や士官学校、海軍兵学校などの軍人養成専門教育機関が設立され、陸軍または海軍の内部でしか知識と経験と教育成果を発揮することができない職業軍人集団が発生すると、たちまち共同体化してしまった。日露戦争が終わるころから、日本の陸海軍は完全な年功序列になったのである。

だが、年功序列人事だけでは組織内での個人競争は完全に排除できない。何十人もいる同期生の中で誰を最高の地位にまで出世させるかという問題が残るからだ。ここでも旧陸海軍は、最も変えにくい尺度、つまり任官時点での成績を持ち出した。陸軍の場合は陸軍大学校の卒業成績が重視されたが、海軍では兵学校におけるハンモック・ナンバー（成績順）を重視することが慣例化し、ほとんど人事内規とさえなっていた。海軍兵学校を卒業したときに成績が良ければ必ず中将になり、大過なければ大将にまで行ける。卒業成績が悪ければ少将どまり、その後余程頑張っても中将までという体系ができていたのである。

年功人事の弊害――不適材不適所

年功人事も、組織が拡大発展している時期には、さほど深刻な弊害を生まない。だが組織の規模が一定のままだと様々な問題を生み出す。まず人事が停滞する。同期入社（省）者の中から、必ず一人はトップ（社長や事務次官）に就けなければならないから、一年交替の短期交替となり、抜本的な改革や大事業の推進がおろそかになる。それでも時には交替時期を延ばさねばならないことも起こるので、徐々に人事は停滞、同じポストに就く年齢が上昇する。今日の日本の官庁もその例にもれず、最近の三十年間で事務次官就任年齢が約五年遅くなっている。

第二には、組織全体が常に人事圧力を受け、組織の拡大とポストの増加に熱中することだ。従って、共同体化した年功人事組織は、組織の拡大だけを目的にして機能の強化を無視することになり易い。旧日本陸海軍もこの例にもれず、予算の獲得と兵員の増加には熱心だったが、実際の戦力向上には真剣でなくなってしまった。その結果、太平洋戦争のころになると不適材不適所も平気で行われた。水雷専門家の南雲《なぐも》忠一《ちゅういち》中将が航空母艦を核とする機動部隊の司令官になり、肝心の航空戦は参謀まかせ、源田《げんだ》実《みのる》中佐などの下級参謀が協議の末に決定する有様になってしまった。これでは迅速な意思決定ができず、臨機の対応は不可能だ。ミッドウェー海戦での惨敗は、年功人事の欠陥が露呈したものといえよう。

共同体化した組織の恐ろしさは、これによって敗戦責任者の南雲中将以下がまったく懲罰を受けなかったことだ。それどころか、「あいつは苦労したから次にはいいポストへ就けてやらねばいかん」というのでさらに出世し、最後は西南方面艦隊司令長官になっている。直接の責任者というべき源田航空参謀に至っては、軍令部の中枢にあって敗戦まで失敗を繰り返している。

旧日本海軍では、もっと恐ろしいことも起こった。連合艦隊司令長官・山本五十六大将が昭和十八年四月に戦死、その後任の古賀《こが》峯一《みねいち》大将も翌十九年三月に飛行機事故で殉職する。では、次の連合艦隊司令長官は誰にするか、海兵卒業年次でいうと、山本提督は海兵三十二期、太平洋戦争の開戦で通常より任期が長かったので次期には現役大将がおらず、古賀提督は二期下の三十四期である。従って、古賀長官の後任は、何が何でも海兵三十五期から選ばねばならない、ということになる。

ところが、この期卒業の現役大将は二人、一人は近藤信竹《こんどうのぶたけ》、もう一人は高須《たかす》四郎《しろう》だ。このうち近藤大将は「支那方面艦隊」司令長官で、陸軍との関係からも急に変えられない。というわけで、高須大将と決まった。だが、その高須大将は、実戦経験も軍令部勤務も少ないばかりか、この時は西南方面艦隊司令長官としてジャワ島のスラバヤ司令部にいた。連合軍が東のマリアナ方面からの進撃に主力を置いていた時期に、全局面を知らないこと著しい。何より驚くべきことは、この提督はその時点で既に癌に冒されていて、病床に伏したままという状態だったことだ。これ以上の不適任人事はあるまい。

しかし、連合艦隊司令長官になると高須大将はもとより、周囲の西南方面艦隊の幕僚たちは張り切った。ジャワ方面ばかり見ていた彼らは、「敵はこっちへ来る」と信じて戦力を「西南方面に集中せよ」と下知したから、軍令部も仰天した。結局、高須四郎大将の連合艦隊司令長官は、僅か一カ月で終わるが、この間に日本海軍が重大な損害を蒙る事態になってしまった。

戦後、太平洋戦争の敗因について書かれたものは多いが、旧陸海軍の組織と人事に対する反省を採り上げたものは少ない。それどころか、旧海軍関係者の中には、戦後も海軍組織と人事を賞賛する声さえある。彼ら海軍の高級将校には、実に心地よい共同体だったからであろう。

共同体化の尺度——②情報の内部秘匿

組織の共同体化を示す第二の尺度は、組織の内部を外に見せまいとする情報の内部秘匿である。特に不祥事や内紛などは、外に見せると構成員全体が批判と軽蔑を受ける恐れがあるので、絶対に秘密にして内部で処理しようとする。

共同体化の著しかった日本の旧陸海軍が、敗戦を隠して勝利ばかりを吹聴した「大本営発表」はよく知られているが、実はそのすべてが意識的な嘘だったわけではない。最初のうちは日本軍上層部も、損害を隠し戦果を増大して発表していることを意識していたが、太平洋戦争の後半になると、各方面軍や艦隊が情報を秘匿、部分組織や仲間への温情から戦果を過大に信じ込むようになってしまう。「あれほど多くの将兵が奮戦したのだから戦果が上がっていないなどとはいえない」といい出す者までいたらしい。

その極端な例が昭和十九年の台湾沖航空海戦だ。このときは源田実参謀が発案したT部隊（タイフーンの頭文字）が出撃した。悪天候で敵の防空戦闘機が飛ばない間隙を突いて低空で侵攻して攻撃をする、という決死的な戦法の部隊である。もともと空中戦に耐えられない技倆未熟なパイロットを、最も操縦の難しい悪天候下で出撃させるのだから無理な話だが、それ以上に困った点は、戦果確認の偵察機が行けないことだ。結局、帰還した攻撃機の「巨大な火花を見た」というような報告を集合して戦果を推測した。大本営発表は、例によって過大だったが、軍令部も大本営も航空母艦を五隻ぐらいは撃沈したと信じていたらしい。

ところが、戦後、明らかになったところでは、命中弾を受けたのは巡洋艦一隻だけ、それもアメリカ軍が日本の攻撃機を引きつけるためにわざと放置していた巡洋艦に二回命中弾を浴びせただけだった。悪天候のため出撃した飛行機の多くが敵目標を発見できず、海上に爆弾を落としたのだが、海上で爆発して火柱が上がったものさえ「敵船に命中」と報告した例が多かったという。

しかし、これで問題が終わったわけではない。時の連合艦隊司令長官豊田《とよだ》副武《そえむ》大将（前出高須大将の後任）は、台湾で指揮をとっていたのだが、大戦果を信じて「追撃だ！　追撃だ！」と叫んで全機出撃させた。被爆破損して退避中の敵残存艦隊を撃滅するためだが、実はそれが発見できない。逆に健在だったアメリカ空母から迎撃機が大量に出撃して来て、日本軍機はほぼ全滅させられてしまった。

ここで問題は、司令部全体が帰還パイロットの戦果報告を厳しく吟味することなく「大戦果」を鵜呑みにした点である。その背景には、「これだけの航空機を出動させ、これだけの人員を失ったのに戦果がないなどとは戦友に申し訳なくて言えない」という雰囲気があったという。

これはいかにも極端な昔話に思えるかも知れないが、今も同じようなことが多くの分野で行われている。企業でもある支店や事業部が利益の上がっていないことを隠して、組織の存続のために様々な粉飾を凝らす例も少なくない。不祥事を支店や部局が共同で隠し、そのためにますます損失を拡大した話もある。土地買収の失敗や為替投機の損失を担当部局が隠していたため、会社全体の損失が分からなかった、という例もある。

共同体化が進み、組織倫理の頽廃が著しい教育界、医療分野、警察などは、内部不祥事をひた隠しにすることは、よく知られている。中学、高校の校内暴力事件は、ほとんど報告されない。いじめで自殺者や死亡者が出ても、必ず校長や教師は「知らなかった」という。教育改革は常に議論されるが、最後には「日本の学校教育は悪くない」という仲間ぼめに終わってしまう。教育共同体を守ろうとする教育官僚と教育集団の情報秘匿が働くのである。

共同体化の尺度――③総花主義（集中の不能）

機能組織の共同体化が引き起こす第三の、そして最も一般的な弊害は総花主義、つまり能力均等分散が固定化し、集中が不可能になることである。

機能組織が、その本来の目的を達成するためには、臨機に必要な能力——資産、施設機材、人材、情報——を最も重要な断面（戦場や事業）に集中することが必要である。しかし、これには当然、重要ではないと判断された部局から不満や苦情が出る。優秀な組織人なら、誰でも自分の担当する分野こそ最も大事と信じているからだ。成長する部局の者は、「今こそここに力を注いで一挙に伸ばすべきだ」と主張するが、低迷衰退分野を担当する者は、「ここで手を抜いては総崩れになる、ここでテコ入れすれば必ず立ち直る」という。

そればかりか、重点分野として能力集中の対象となる部局さえも、それを必ずしも喜ばない。現在の組織のままで資金や人材を幾分増やす程度ならよいが、一定限度を超えると予算消化に忙しく人員管理も難しくなる。特に現在の組織体制を改めて、より上位の指揮者を置くとなれば、大きな不満さえ生じる。急激な変化によって、心地よい状況が乱れることを恐れるのである。

共同体化した組織では、特定の部局や構成員に不満を抱かせることを嫌うので、敢えて能力の集中をせず、全部局に総花的な分散が行われる。人事において抜擢人事が組織内部の競争を生み構成員の公平性と安住感を損なうのと同様、資金や人材などの重点配分は、組織部局間の競争と軋轢《あつれき》を生む。ここで年功序列に相当する平和穏便な方法は、誰にでも分かり易い客観的基準による平等主義、つまり「比率を変えない」総花主義である。

これが進むと、一方では必要分野で資金や人材が著しく不足して決定的な立遅れから敗北を招き、他方ではさして重要でもない分野で大局的には効果のない事業に巨額の資金と大量の人材を注ぎ込む、といった事態が起こる。太平洋戦争の末期に大兵力を動員して「支那大陸打通作戦」を展開した日本陸軍は、その典型である。

またこれは、新規事業を育成することも妨げる。石油ショックの時、洗剤やトイレット・ペーパーが不足し、通産省では物資流通の緊急調査を行うことになったが、このためには、通産本省で数名、各地方通産局で二ないし四名、全国で約三〇名を動員する必要があった。実は、この約三〇名が容易に揃わない。「全国で一万人近く、付属研究所を除いても三千数百人の職員のいる通産省で、この緊急非常時にたった三〇人がなぜ動員できないのか」と、時の中曽根康弘通産大臣は大いに嘆いたものだ。数は多くても、それぞれの部局の人員が固定されているからである。

組織が固定化すれば、ヒトもカネもモノも固定化して流動性がなくなる。日本政府の予算などは七二兆円余もあるのに、一パーセントも動かせない。各省庁別各項目別に固定化されているからだ。公共事業の中味でさえも、前年比率に比べて一パーセント変えるだけでも大変な苦労である。食糧増産を目的としてはじまった土地改良事業が、今も農業農村整備事業と名を変えて基盤整備だけでも六六一九億円も支出されている。この面からも、組織の共同体化は、組織の機能、つまり目的達成能力を決定的に損なうわけである。

究極の共同体化――「滅びの美学」

共同体化の最終的な弊害は、組織が衰退に向かうと死を早めることだ。共同体の究極の姿、それは運命共同体であり、その最も濃密な表現は共同の死、つまり心中や玉砕である。「君も死ぬなら俺も死ぬ」「見事散ります同期の桜」という「滅びの美学」こそ、共同体精神の究極の表現に違いない。太平洋戦争末期の日本の陸海軍は、それに酔い痴れ、全国民がこれに参加することを求めようとした。

この心理状態を官庁や宗教団体でいえば「共同の非難受容願望」となる。世間では「何省は怪しからんというが、そんな世評に耐えてわれわれだけが断固この政策を守り通す」という、非難を受けることを喜ぶ心理である。これが生ずれば、非難されればされるほど結束が固まり、客観的評価ができなくなる。明治維新の時の会津藩から現在の農林水産省まで、この種の精神的玉砕主義は結構多い。

企業の場合には、これが業績低迷受容となる。共同体化した企業組織は、組織の拡大と権限の強化を求めることも強いが、一旦業績が低迷し、他の企業よりも給与水準が低くなり出世が遅れ出すと、共同の経済的受難に快感を憶えるようにもなる。「どうせわれわれは安月給だが、生涯この産業をやり続けていく」という悲しい誇りである。前述の石炭産業にも、終末にはこの心理が強く働いていた。

人間の生き方としては、それも美しいかも知れない。しかし、機能組織としては迷惑至極だ。こうした「滅びの美学」の背後には、共同体化した組織を変えたくないという改革拒絶症が潜んでいるからである。このため、共同体化した組織は、いかにも強固に見えるが、滅びる時は早い。経営環境の変化と企業組織のリストラクチャリングが叫ばれる今、この点にも大いに注意すべきであろう。

シビリアン・コントロールの意義

戦後、日本にも「シビリアン・コントロール」の制度が持ち込まれた。政府の長（首相）は文民（シビリアン）でなければならず、軍（自衛隊）は、文民内閣の指揮制御の下に置かれなければならない、という原則である。

日本ではこれを、軍人はとかく好戦的で侵略戦争をしたがるので、軍の勢力抑制のためには首相と防衛庁長官（現防衛大臣）に文民を置くのだ、と理解されているが、必ずしも正確ではない。軍人なら誰もが好戦的なわけではないし、文民が平和主義者というわけでもない。歴史の事実から見れば、むしろ軍人の方が戦争を忌避する例が多い。近年でも、イスラエル、イギリス、インドなど、女性の首相が戦争を行った例は多い。アメリカにも、グラント将軍やアイゼンハワー元帥など、退役後に大統領になった軍人はいるが、いずれも戦争より平和に熱心だった。

シビリアン・コントロールが重要なのは、専門性と終身性の故に共同体化し易い軍隊を抑制し、組織に揺らぎを与えるためには、軍人共同体の外部の人間（文民）を上に置かねばならない、という点である。

実際、戦前の日本では陸海軍が軍人共同体化するに従って、軍人以外の干渉を排除するようになる。昭和五年にはじまる「統帥権干犯問題」は、統帥権（軍の指揮権）が天皇に直属するという明治憲法の条文を曲解して、軍備内容への政府（外部）の介入を排除しようとした試みだ。昭和十一年の「二・二六事件」のあとでは、「軍部大臣現役制」を復活させ、軍人共同体から引退した予備役・後備役の中・大将が、大臣となって軍をコントロールするのを防止したものだ。共同体化した組織は、外部からの介入を極度に嫌うのである。

シビリアン・コントロールは、それを逆手にとって、常に外部から介入することで、軍隊が軍人共同体化することを防止しようとする制度である。実際、アメリカのようにシビリアン・コントロールが実効を上げている国では、軍は二十年に一度ほどの割合で、激烈な組織の揺らぎを受け、年功人事や情報秘匿が防がれている。

このことは、軍隊以外の組織にも応用できる。企業の社外重役制度もその一つだ。企業が社員共同体に陥るのを防ぐためには、実権もあれば情熱もあり、相当に口うるさい社外重役を何人か加えるべきだ、というのである。株主総会が機能しない日本では、これも大事なことだ。決して社外重役を「お飾り」と考えてはならない。

また、支店や工場、事業部などの部分組織にも、外部からの監査を行うことで共同体化を防ぐ必要がある。人事異動と組織変革も、この点からの考慮が必要であろう。

(2) 環境への過剰適応

恐竜の死滅

かつて地球上には巨大爬虫類、いわゆる恐竜が繁殖していた。その繁殖は六千万年ぐらい続いたが、ある時期ごく短い期間に絶滅してしまったといわれている。なぜ恐竜が短期間で絶滅したかは現在も解明されていない。これには、隕石落下説や気象変化説などいろいろあるが、つまるところ、環境変化に恐竜が適応できなかったからである。

恐竜の栄えた時期の地球は、気候温暖で著しく湿潤、運動は緩慢でも巨体を持つ巨大爬虫類が棲息するのに適した状況だった。それが何らかの理由（例えば隕石の落下で立ち昇った塵で太陽光線が遮断されたりして）で寒冷化し乾燥化して、身体は小さいが動きの速い哺乳類に有利な状況に変わった。ところが、恐竜は、その化石類から見ると、末期になるほどますます巨大化しているという。つまり、恐竜の「進化」は、環境変化とは逆の方向に向かっていたのである。

一つの環境に合わせてでき上がった生物は、あまりにもその環境に適応しすぎると、環境変化に対応できなくなる。むしろ、環境変化によって危機に曝されると、自らが繁栄してきた過程を繰り返し、適応とは逆の方向に変化する。恐竜の死滅は、その典型ともいわれている。

組織にも、これと似た現象がある。いや、組織こそ特にそれが著しい。ある環境に完全に適応した組織は、環境が変化したときにも改革できず、むしろ環境変化とは逆の方向に走ってしまう。組織内の権限構造が、外部環境への適応よりも内部での地位と人脈を擁護しようとするからである。

専門分野の細分化

近代組織の特色は、職務機能の細分化専門化にある。近代社会のはじまりは分業化だった。十八世紀後半、アダム・スミスが経済近代化の特色としてまず挙げたのも分業だった。同じ頃、学問や知識の分野でも専門化分業化が進み、「百科全書派」といわれる学者群が登場する。学問を「百科」に分け、さらにそのそれぞれを分化することによって、専門分野での深化を図ろうという発想だ。これはやがて教育界に取り入れられ、教育が専門分野に細分化された。この結果、組織の中にも、それぞれの専門家が入り込み、組織自体も専門分野別に細分化されるようになって行く。

十六世紀のルネッサンス人は、レオナルド・ダ・ヴィンチのように、兵器製造や築城術から絵画やファッション・デザインまで何でもできることを自慢したが、近代に入ると、そんな万能人は「好事家」として軽蔑され、一つの分野のみ深く知る専門家が尊重されることになった。

こうした専門化は、思想や学問領域よりも、むしろ組織の方が早かった。事の起こりは軍隊、特に海軍である。軍隊でも十五世紀までは専門化がほとんどなく、身分の高い者が騎馬、そうでない者が徒歩だった。陸軍と海軍の区分もなく、貴族上がりの将軍が、時には陸兵を、時には艦隊を指揮していた。人力で漕ぐことの多かったガレー船なら、それも可能だったのだ。

ところが十六世紀後半に帆船が巨大化し、大砲が海戦の主要兵器になったことで、操船技術と砲術の専門家が必要となった。船長と舵手、砲手、水夫長の三役の職務分担ができたのである。遠洋航海する艦船には、これに主計と聖職者が加わり、医師が乗船することもあった。さらに十六世紀末には、大型帆船の集団運用による海戦が出現、海象と操船を心得た総指揮官が必要になる。貴族上がりの高級将校にはそんな人材が乏しかったため、エリザベス一世期のイギリスではフランシス・ドレークやウォーター・ローリーなどの私掠船長（つまり海賊）を「サー」にして、その任に当てた。実はこの専門分化による適材適所が、イギリスをして七つの海を支配する海洋帝国に仕立てたのである。

陸軍の場合は、これよりも約一世紀遅れて、専門兵科が確立される。十七世紀の「三十年戦争」の頃から徐々に騎兵と砲兵が独立、やがて工兵と輜重兵が独立部隊として設立され、従来の歩兵と併せて五兵科が確立した。さらに十八世紀後半には、龍騎兵（重装騎兵）と軽騎兵とを分離することも行われた。軍医、主計が必須の部門として自立するのは十八世紀に入ってからであり、参謀制度が生まれたのは、ナポレオン戦争期のプロイセン軍からだ、とされている。

こうした軍隊における組織の専門化が、兵器などの技術進歩と組織運営ノウハウに与えた効果は大きかったと思われるが、その波及に関する具体的な研究は、まだ十分に行われていない。だが、そうした蓄積が前述の分業化と専門化を促し、産業の発展と技術の進歩に貢献したことは確かである。

要するに、組織の専門化細分化こそは、近代技術の進歩と応用とを可能にした前提条件であり、あらゆる作業効率を高める基礎条件でもある。

「優秀な人材」の正体

産業革命以降、大型機械の登場で施設の大規模化が進み組織が巨大化すると、ますます専門化が進んだ。もし人間の知識許容量と対人接触の総量に限界があるとすれば、専門化細分化によって対象範囲を狭くすれば、それだけ深く知り密に付き合えることになる。今日の日本のメーカーの強さの一つに、設計をする技術者が直接生産現場に出て製造工程を考えながら設計するため、造り易い製品ができることが挙げられるが、それが可能なのも担当技術の専門化細分化が進んでいるためである。

しかし、近代工業に適した専門化細分化にも欠点がある。それは、専門化が進み、優秀な専門家が集まると、飛躍的な発想ができなくなり、社会や技術の変化に対応できないようになることだ。この点については、第一章において、戦後の石炭産業を例にして述べたが、さらに付け加えれば、石炭産業に居た「優れた人材」がなぜ企業の衰亡を救えなかったか、という問題がある。

終戦直後、一九五〇年前後には、日本の石炭会社は最も収益率の高い大企業であり、一流大学を優秀な成績で卒業した人々が、石炭会社には大勢入社した。その頃、石炭会社に入った人々のほとんどは途中退社したが、特に成績優秀につき残った人々も、苦労が絶えなかった。そんな人々からは、今も「当時は優秀な人材が石炭会社に集まったのに、まことに不運であった」と嘆く声を聞く。では、その「優秀な人材」が、なぜ会社の衰亡を救えなかったのか。

それは、日本の企業が好んで採用する「優秀な人材」が、一流大学を出た成績優秀者だ、という点にある。一流大学を優れた成績で卒業したことは、経営能力や商売上手を証明するものではない。頭が良いことを証明しているわけですらない。それによって証明されているのは、試験が上手であったということだけである。

「試験」とは何か

では、試験とは何ものだろうか。それには二つの特徴がある。第一は答えのない問題が出ないこと、「正解＝答えナシ」という問題はまずあり得ない。つまり、試験とは、出題者が持っている答えを当て合いするゲームなのだ。数学には「存在論」というのがあって、この問題に答えがあるかないかを発見するのが非常に大きなジャンルになっているが、入学試験にはそんな高等数学は登場しない。本来、答えのない問題でも、教科書その他で答えを作って出題する。例えば歴史の問題などには、答えがまだ分からない問題も多いが、教科書などで一定の答えを決めて出題する。従って、記憶力を働かせ注意深く出題者の意図を探れば、出題者の隠している答えをいい当てることができるのである。

しかし、現実の世の中の問題というのは、九割まで答えがあるかないか分からない。技術開発にしろ経営刷新にしろ、新規市場の開拓や経費の削減にしろ、やって見るまでは正解があるのかないのか分からない。ところが、試験が上手で一流大学に入った人は、その成功体験から答えがあるかないか分からない問題にはチャレンジしたがらない。答えがあると分かっている問題だけを取り上げようとする傾向が強いのである。

第二の試験の特徴は、易しい問題、自分が答えやすい問題から解いた者が好成績を上げることである。十の問題があればまず全部一読して解きやすい問題から順番に解答して、八題正解すると八十点取れる。難しい問題に最初にチャレンジして、一題解いたときに時間が切れたら十点だ。日本の教育では、まずこの受験技術を教える。

現在、日本の中学生や高校生の理科、数学、地理の成績が、国連の共通試験でも韓国、イスラエルと並んで優秀だといわれている。その大きな原因は、この受験技術を全員が知っていることにある。これに対してヨーロッパやアメリカでは、これを教えていないため問題を最初から解く生徒が非常に多い。日本の中学高校の試験成績の良さは、受験技術の徹底にあるといっても過言ではない。韓国もイスラエルも、最近それをやり出した台湾も、国連共通試験では日本と大体同じレベルになっている。

しかし、この易しい問題から解くことで成功を体験した人々は、社会人になってからも易しい問題から解こうとする。これが一流大学の成績優秀者、いわゆる「優秀な人材」である。

しかし、答えがあると分かっていて解き易そうな問題から手がける社員ばかりでは、絶対に分野違いの新規事業や飛躍的な改革はできないだろう。つまり、一流大学を優秀な成績で卒業した人材ばかりを採用し優遇することも、学歴重視の戦後的人材評価環境への過剰適応の一種なのだ。東京大学を優秀な成績で卒業した人を採るのは、現在の社会環境に適応した行為に違いない。そうすれば、世間ではあの会社は優秀な社員が集まると評判になり、信用も高まるだろう。官庁や大企業に人脈を持つ社員が増える利点もある。会社の中では、「今度の人事部長は上手にやった、いい新入社員を集めた」といわれるだろう。

つまり現状での社会環境には適応しているわけだが、必ずしも環境変化に適応できる人材とはいえない。

終戦直後の石炭会社は、モノ不足とヒト余りの経済環境と政治力が大きかった社会環境に過剰適応していた上、人材の面でも日本的人事評価に過剰適応していたのだ。最後の点については、現在もまだ大企業や官庁の多くが、その落し穴から抜け切ってはいない。

新概念を理解できなかった花形産業

戦後の四十七年間に、繁栄から衰退への道を辿った業界は、石炭産業だけではない。石炭産業に斜陽の色が漂い出した一九五五年（昭和三十年）頃、日本で最も良好だった業界の一つは映画産業である。昭和三十一年はじめには、映画会社の株は非常な高値で、東宝が一四二〇円、松竹二一三円、今は消えてなくなった大映でさえも一七四円だった。その時、八幡製鐵（現日本製鉄）は七一円、松下電器は一五四円、トヨタ自動車は一四八円に過ぎない。スーパーマーケットのダイエーやコンピュータ・ゲームの任天堂など、上場どころか店頭にも現れていない。

それほど映画会社が高く評価された原因は、もちろん当時、映画が「娯楽の王様」といわれて、一年間に一三億人以上の映画館入場者があり、高収益を上げていたからだが、同時に将来の成長にも大きな期待が寄せられていた。その理由は、これからテレビが普及すると、そこで放映するフィルム（ソフト）制作で、売上げが激増するという点にあった。

当時、ようやくテレビセットが売れ出し、力道山のプロレスが大人気だったが、将来は大量のソフトを作らなければいけない。しかもやがてはカラー化し高級化する。そのソフト（映像）を作れるのは映画会社以外にあり得ない。撮影スタジオがあるのも、カメラ等の機材があるのも、プロデューサーやカメラマンなどの人材がいるのも、映画会社以外にはまったくない。何よりも主要な俳優は五社協定（主要映画会社五社の協定）で、他に出演できなくなっている。だから他の業種からの新規参入は考えられない。

その頃、映画が「娯楽の王者」といっても、せいぜい年間制作本数は一社五〇本。五社それぞれが二本立て興行を打ち続けても、全部で二五〇本に過ぎない。ところが、テレビになると、五チャンネルが毎日十数時間も放映するのだから、年間の制作分が一週間で使われてしまう。この制作の大部分を映画五社が受注するとすれば、大成長間違いなし、というわけであった。

ところが、不思議なことに、当時の大手映画会社の中でテレビ映像制作に成功したところはほとんどない。あえていえば東映テレビ映像が、京都に「映画村」などつくってある程度の成果を上げているのが目に付くぐらいだ。結果としては、まともなスタジオもなければ機材もない、有名俳優も使えなかった零細プロダクションに、大手会社全部が敗退したのである。

その原因は、黒澤明監督がヴェネツィア国際映画祭で金獅子賞をとったころの映画の制作環境、市場環境に過剰適応していたことである。そもそも劇場映画は、今の物価なら一本三億円以上の費用と一年ぐらいの期間をかけて制作する。入場料を支払って来る観客を暗室に閉じ込め画面にだけ注目させるには、それぐらいの費用と期間が不可欠なのだ。映画会社では、プロデューサーや監督はもちろん、メークさんも大道具さんもカメラマンも非常に凝った高度の技術を持っていた。有名な俳優もふんだんに使った。映画会社という組織は、そういう技術・市場環境に適応した体質と気質になっていたのだ。

ところが、テレビはごく限られた画面の中に映る映像を、お茶を飲みながら、話をしながらチラチラと見るだけのものだ。ここで必要なのは、凝った画面ではなく一時間ドラマを三〇〇〇万円で上げるノウハウである。

劇場映画に過剰適応していた大手映画会社には、それができなかった。立派なスタジオやベテラン・カメラマンのいること、つまり専門化の徹底がむしろ仇となった。有名俳優を大勢使えることも、制作費を吊り上げる要素になった。一年間かけて一本撮るという凝った芸術家肌の気質も不適当だった。結果として映画制作の大手は、償却済みの古カメラを二、三台買い込んだだけの独立プロダクションにどんどん追い抜かれてしまったのである。

大手百貨店はスーパーで成功しない

映画会社にかげりが見え出した昭和三十五、六年、通産省では「スーパーマーケット研究会」が設けられた。アメリカのスーパーマーケットに学んで、日本の流通機構を合理化しなければならない。これから拡大する大都市郊外の住宅開発に対応した大型店舗の展開を急ぐべきだ。モータリゼーションに適した駐車場のある小売店が必要だ。そんな問題意識で当時の流通大手、つまり百貨店を十数社集めて研究会をやり出したのだ。

この頃はまだ外貨割当制があり、海外旅行には通産省から外貨を割り当ててもらわないと行けない状態だったが、「スーパーマーケット研究会」にはこれを大量に割り当て、流通学者や百貨店幹部を大勢アメリカに視察旅行に派遣させたりもした。この成果は、かなり大きかった。少なくともその時にはそう思えた。アメリカ視察から戻った大手百貨店の幹部が、次々とスーパーマーケット建設に取り組むことを宣言したからである。

ところが、今になって見ると、当時の大手百貨店でスーパーマーケットに大成功したといえるところは一社もない。あえていえば、当時はまだ大手百貨店とはいえなかった西武が西友チェーンを展開しただけである。百貨店は、それが繁栄した一九六〇年頃の市場環境に過剰適応していたからである。

後日、ある百貨店の首脳にこの問題を訊ねたところ、おおよそこんな話が返って来た。その首脳が「当社としてはスーパーマーケットをはじめる」と常務会に提案したところ、ただちに全員の賛成を得た。幸いなことにその会社は、東京近郊の駅前に広い適地を所有していたのだ。

ところが、いざ企画に入ると、呉服の担当者は、

「呉服ものというのは、アメリカの例では考えられません。これは高価なもので柄がそれぞれですから、やっぱりおすべりの上に反物をひらいて対面販売をしなければならない。勝手にいじられて汚れるようなことがあれば大損害です。スーパーマーケットの展開は結構ですが、呉服だけは外してください。あとは大賛成です」

食品担当者は、

「日本人は食品を手に取ってまた棚に戻す人も多い。そこから腐敗して中毒でも起これば全社的責任だから、食料品は絶対に外してください」

酒類の担当者は、

「酒類販売は大蔵省の許可制ですから、とても無理でしょう」

建物の管理者は、

「駅の改札口のような構造にしては、火災の際には困る。これをおやりになるなら、警備の点に十分な人員を配置しなければならない。それが認められるのなら賛成です」

それぞれの専門家が自分の分野だけはと反対する。当時の百貨店は、モノ不足ヒト余り時代に高級イメージで売る形に適応していた。それをスーパーマーケットにも持ち込もうとした組織の気質のために、大手百貨店の開いたスーパーマーケットは、あまり伸びなかった。これに成功したのは大阪・千林の薬屋から出発したダイエー、東京・北千住や伊勢の呉服屋から転進したイトーヨーカ堂やジャスコである。一九六〇年頃には、資本力からいっても、信用力、仕入力、顧客掌握力から見ても、断然強かったはずの大手百貨店は、環境への過剰適応のために新興企業との競争に敗退したのである。

技術過信の弊害

それから四年後、昭和三十九年（一九六四年）には通産省が「プレハブ研究会」を開いた。これからは住宅問題が重要だから、安価で良質なプレハブ住宅を大量につくるべきだというので、大手建設会社二十数社が参加し、かなり真剣な勉強会をやった。アメリカから大工さんを呼んでプレハブ住宅を建てたり移したりするデモンストレーションを新宿で実演してみせたこともある。しかし、大手建設会社で現在、プレハブ住宅に大成功しているところは一社もない。いくつかの企業は、一応手掛けてはみたが、あまり成功しなかった。これに成功したのは大阪の化学品会社の部長がはじめた積水ハウス、奈良県の製材業者が興した大和ハウス工業などである。

一九六四年の時点でみれば、信用力でも技術力でも全国的なネットワークでも圧倒的に大きかった大手建設会社が成功しなかった理由は、専門技術への過剰な信頼であった。豊富な設計能力と優れた現場施工能力を持つ大手設計会社は、プレハブにも設計力と施工力を活かそうとしたため、プレハブ本来の工業化に徹することができなかったのである。

技術力への過信が組織転換を阻害した例をもう一つ挙げよう。日本の電機メーカーの中で真空管技術が最も進んでいたのは東芝である。「マツダの真空管」は最高の品質とブランドを誇っていた。このことが、トランジスタ転換に東芝が立ち遅れる原因になった。重役会でテレビ・ラジオをすべてトランジスタに切り換えるべきかどうかが議論された時、トランジスタに比べて真空管にも特色と利点のあることを、担当重役が盛んに説き、さらに一層の研究開発によって真空管を改良すれば必ずトランジスタに優ると主張したのだ。この結果、東芝はなお真空管テレビを造り続けたが、結果は在庫の山を造っただけだった。専門家が主張したような細部の利点を評価して、敢えて嵩高い真空管ラジオを買う消費者はごく少なかったのだ。

幸い東芝にはまだ十分な体力と柔軟性があった。トップのコントロールも効いていた。このため、比較的早期にその誤りに気付き経営改善に成功することができた。だがそれには電機産業全体が急成長中だったという幸運もあった。石炭産業や映画会社には、それだけの幸運がなかったのである。

以上の例から分かるように、一つの環境に適応した組織は、容易に他の環境に対応できない。環境変化に適応するためには、いったん従来の環境に適応した組織の体質や気質を破壊しなければならない。それには当然、組織内の権限問題や蓄積技術の利用願望からの反対がある。現にうまくいっているものを破壊する恐怖感からも、漠然たる不安からも、抵抗感は強い。それがあまりにも強固になれば、危機に際して従来の体質・気質あるいは技術に一段と固執することにさえなってしまう。

環境への適応は組織が繁栄する条件である。だが、それも過剰になれば組織の「死に至る病」と化す。現在うまくいっている組織にも、常に「揺らぎ」を与えて、環境への過剰適応を防止しなければならない。

(3)　成功体験への埋没

「真の大物」は成功体験に溺れない

伝統もあり規模も大きな立派な組織が滅亡する第三の「死に至る病」は、成功体験への埋没である。

「競馬をやり始めた最初に大穴を当てた者は必ず破産する」

という諺《ことわざ》がイギリスにはあるそうだ。イギリスは産業革命発祥の地だけに、経済や経営関係の諺・小話にはこと欠かない。競馬をやり始めたときに大穴を当てた人は、これが成功体験となって、何度でも大穴狙いをする。二回三回失敗しても、次に当てれば全部取り返せるという気になって大穴狙いを続け、結局は借金がかさんで破産してしまう、というのである。人間は成功体験に溺れ易いものだと戒めた諺である。

実際、人間は一つのことで成功すると、それを繰り返したくなるものだ。前述の一流大学卒の成績優良者が、答えの分かっている易しい問題から解こうとするのも、試験での成功体験から抜け出せないからである。もし、それでまた成功し出世を重ねることがあれば、決断力と創造力の要らない成功体験の繰り返しがほとんど条件反射になってしまう。

「凄まじい人生」を生き抜けた歴史に残る大人物は、さすがに成功体験に溺れなかった。成功体験を繰り返した者は、二度か三度の勝利や成功を重ねることができても、やがては失敗する。中には戦闘や相場で同じパターンを繰り返しながら、五回十回と成功した幸運児もいるが、それは単純な確率の問題に過ぎない。サイコロで〝5〟の目が続けて五回でることもあるように、同じパターンで成功できる幸運が何十年か続くことも、数多い歴史の事例にはあることはある。しかし、そんな人々も、一時は栄華を極めるが大抵は淋しい末路を辿る。スウェーデン王カール十二世やナポレオンの戦争（作戦）は、それに数えることができるだろう。

それに比べると、織田信長はずっと優れていた。桶狭間の合戦が余りにも有名だから、信長といえば大胆迅速な奇襲作戦が得意な短気者という印象が強いが、実は桶狭間のような奇襲作戦をやったのは生涯に三回しかない。しかも、その三回もすべて形が違っている。一回目はまだ尾張統一前の天文二十三年（一五五四年）、二十一歳の信長が嵐の日に奇襲上陸して村木城を陥れたものだ。二回目は桶狭間、周知のように今川の大軍が攻め寄せたのを、十分の一以下の兵で奇襲し、敵の大将・今川義元の首を挙げたものだ。永禄三年（一五六〇年）二十七歳の時である。

三回目は、それから十六年後の天正四年（一五七六年）、安土城築城の最中に摂津で本願寺派が反撃に出て明智光秀らの籠る天王寺砦が危機にさらされた時、僅か三千の兵で自ら先駆けをして万余の宗徒を追い払った。本願寺派の一揆軍には組織的な行動ができないと見ての突撃だったに違いない。

織田信長は、大小併せて百回ほども戦闘を行っているが、その中で、短兵急に大敵を攻めたのは僅かにこの三回、それ以外は桶狭間のような危険なことはやっていない。信長が得意としたのは、相手よりも多数の兵を集め堂々の陣を張っての物量作戦である。姉川の合戦などはその典型だ。堺から鉄砲を大量に買い集め、わざわざ徳川家康を三河から呼び出し、「織田十三段構え」の陣を敷いて、敵に先制攻撃をかけさせてから受けて倒す「後《ご》の先《せん》」の作戦を採っている。

長篠の合戦も同様だ。徳川家康の悲鳴のような催促にもかかわらず、十分に時間をかけて兵力を動員、鉄砲三〇〇〇挺を集めて馬防柵まで造り、武田勝頼の方に先に突撃させている。信長の作戦はこんな形が圧倒的に多いが、それもまたそれぞれが同じではない。彼は成功体験に溺れなかったからこそ、旧勢力のすべてを敵にする苦闘の中でも勝利を重ね、七分通り天下を取ることができたのだ。

世界史上最大の帝国の基礎を築いたチンギス・ハンは、さらに凄まじい。あらゆる民族を相手に、あらゆる地形とあらゆる状況の中で毎回のように違う作戦を立てた。東は中国東北地方から西はカスピ海の彼方まで、対戦する民族も、戦場の気象や地理も、相手の武器や組織も、ことごとく違う戦いを百回以上も繰り返して、最終的にはいつも勝利し得たのは、常に状況判断と敵状偵察を徹底して、適切な動員と作戦と指揮を行ったからである。

もっとも、これができるためには、一定の原則による思想統一と組織訓練が必要である。それを欠けば、ただの出たとこ勝負になり、全軍が混乱してしまう。この原則の確立と臨機の応用の両立こそが最も大切であり難しい。

組織は成功体験に溺れ易い

組織は、個人よりもはるかに成功体験に溺れ易い。というのは、ある戦法、ある事業で一度成功すると、その成功の功労者たちが組織の中の主流派になり権威と権力を強める。このため、その人たちの専門分野の権限が拡大し、以後の判断も成功体験分野からの視点に偏するのである。

しかも、一度、そのような組織構造ができ上がると、後から組織に加わった新人たちも、将来の主流派を目指して現主流派に加わろうとするため、過去に成功体験のある分野には有能で野心的な人材が集中する。同時にサポーティング・セクション、例えば総務とか経理とか予算とかいった管理分野も、将来、主流になる人々の好感を得ようとして成功体験分野を有利に扱う。例えば今は同じ大佐でも、将来海軍次官・連合艦隊司令長官になりそうな主流畑の人の要求には予算を付けるが、主流を離れた新規分野の大佐なら、すぐ少将で退役と思うから予算要求にも応じない、というわけだ。いったん成功した者が主流派を構成し、現在の権力と将来の出世可能性を独占するので、成功体験分野での同じ方法論が繰り返されることになるわけである。

しかも組織の場合は、成功体験の繰り返しで失敗すると、主流派は、結束して「今回の特殊事情」を並べ、「方向は正しかったが運が悪かった」と主張し、その地位と権限を守ろうとしてこれを批判する「正論」を弾圧する。このため、ますます創造性と改革性が失われ、成功体験への埋没がひどくなる。成功体験への埋没が、立派な組織を「死に至る病」に陥れるのには、こうした組織力学も関係している。

典型的なのは、第一章で述べた日本の旧陸海軍だろう。日本海軍は日露戦争のときに艦隊決戦で勝った。このため、大艦巨砲主義が定着し、砲術専門家が日本海軍の主流になり、太平洋戦争が終わるまで艦隊決戦を夢見て止まなかったことは、前述の通りである。昭和の日本が、すべての予算を集中して戦艦「大和」と「武蔵」を建造したのも、砲術・艦隊決戦派が主流だったからだ。

これに対して潜水艦や航空には主流の人材が行かなかったので予算も人員も少なかった。最も冷遇されたのは補給兵站である。日本海海戦では、佐世保軍港に近い対馬海峡で戦闘したものだから、補給の必要がなかったのである。

陸軍もさして変わらない。日露戦争の成功体験そのままに、白兵の銃剣突撃に頼り切っていて、戦車も航空機も電子機器も軽視した。何よりも重要なのは、兵糧体系を変えようとしなかったことだ。

日露戦争は、比較的日本本土から近い寒冷地・中国東北部（旧満州）を主戦場として戦われたため、米を主体とする食糧を本土から送ることができた。だが、戦場が南太平洋に移った太平洋戦争では、これが大きな障害となった。米は贅沢な食糧で、輸送には手間がかかり南洋では貯蔵も難しい。最大の欠点は、食べる直前に炊飯しなければならないので、煙を上げ部隊の所在を敵に知らしめる点である。

二十世紀も中頃になって、こんな不適切な兵糧に頼っていた軍隊は、近代国家には存在しない。欧米軍は贅沢に見えても「いざ戦場」となれば戦術的に有利な乳製品やコーンビーフ、ジャガイモなどに切り換えている。米を食べて勝った日露戦争の成功体験から、日本軍は抜け出せなかったのである。

しかし、日露戦争の成功体験が日本の軍人に与えた最大の害悪は、局地的な戦闘の勝利で、有利な終戦が可能だという戦争観であったろう。日露戦争は帝政ロシアとの植民地獲得戦争だったから、相手も引き合わないと見れば妥協する。アメリカ大統領の仲裁や日英同盟が効果を上げたのも、そうした条件の下においてである。ところが、昭和の日本人は、この成功体験を信じて、国家総力戦の太平洋戦争にのめり込んだ。日米開戦を主張した軍人や政治家の中にも、ニューヨークやワシントンを占領できると思っていた者は一人もいない。日露戦争型の「局地戦の勝利＝有利な終戦」と信じ切っていたのだ。だが世界は、既に第一次大戦において、国家総力戦の時代になっていた。この環境変化を読み得なかったことこそ、日本軍の最大の誤算だった。組織は成功体験には溺れ易いが、失敗には学び難いのである。

思考の蟻地獄

成功体験者が過剰な権威を持ち、成功体験分野が過大評価されると、組織全体が仮定を積み上げる「思考の蟻地獄」に陥ってしまう。

一つの事業を計画する場合には、ある仮定を立てる。だが、次の段階では、その仮定が所与の条件として議論が進められる。そしてまた第二段階の仮定が生まれ、次にはそれが変えようのない所与の条件になる。

例えば、個人が家を建てる場合、家族は何人、敷地はこれこれで何坪、資金は何万円以内という条件がある。この条件から、「それなら木造二階建てだな」という仮説が生まれる。そうすると次には「木造二階建て」が動かし難い前提となって、何とかこれに希望の施設を押し込もうとして議論しているうちに、木造の方がかえって高くつくようになっていても、木造を鉄筋三階建てに改めることには気が付かない。結局は当初予算を大幅に超え、しかも希望の施設が収まり切れなかった、という例は少なくない。

組織の場合には、これがはるかに著しい。最初の仮定を設定する部局と、次の段階を検討する部局とが異なることも多いし、同じ部局でも担当者が代わっている。特にいったん計画を発表し、多少とも予算を施行すれば変更が難しくなる。特に、成功体験者（分野）が主導権を取って打ち出した仮定を崩すことはタブー視されることも多い。

昭和初期の日本海軍は、この点でも適切な反面教師だ。第一次大戦後の日本海軍は、アメリカを第一の仮想敵国として日本海海戦型の艦隊決戦が西太平洋で起こると仮定した。日米戦争がはじまれば、「日米の艦隊決戦が起こる」というのは、海軍部内の成功体験から出た仮説に過ぎない。ところが、日本海軍はそれに基づいて艦隊編成を考え、「八八艦隊が不可欠」という第二の仮定を作り上げた。さらに次には、これに勝つにはアメリカを上回る巨大戦艦を持つべきだとなり、遂に「大和」「武蔵」の巨艦を実現した。

ロンドン軍縮条約の際には、巡洋艦一隻が削られるのに反対して「統帥権干犯」を叫び、切腹自殺する将校まで出た。艦隊決戦という成功体験に埋没していたため、想定される戦闘での艦隊編成さえ変えられなかったのだ。しかし、のちの歴史で明らかなように、日米戦争では艦隊決戦は起こらなかったし、戦艦は役にも立たなかった。自殺者まで出た巡洋艦の一隻など、どうでもよかったのである。

今、日本の企業は、合理化という成功体験を持っている。高度成長も、石油ショックも、円高不況も、ことごとく合理化で乗り切ってきた。だから日本の企業は何が起こっても合理化、つまり生産工程での労働効率の向上に向かおうとする。そしてその過程で、本社や工場の人員を「営業の最前線」、つまり国内流通コストに転嫁しようとする。これまでは、閉鎖された国内市場でなら、流通コストを価格に反映できたからである。

しかし、消費者の低価格志向が現れた今は、このような成功体験は通用しない。このため、多くの企業が目下の平成不況にどう対応していいか分からないという有様である。従来型の合理化体験の繰り返しだけでは克服できなくなったというわけだ。生産の合理化と国内流通へのコストの転嫁という成功体験に埋没し、思考の蟻地獄に陥っているのではないだろうか。

「特殊事情」は二度いうな

成功体験への埋没を避けるには、特殊事情を二度認めてはならない。作戦であれ事業であれ、成功するはずではじめたものが失敗すると、必ず「それはあの時、このような特別な事情があったからだ」という議論が出る。

戦闘であれば、天候が予想外の急変をしたとか、信じられないような通信機の事故が起こったとか、某指揮官が流れ弾で戦死したとかいった特殊事情が持ち出される。そして、「あんなことさえなければ絶対に勝っていた。作戦の基本は間違っていなかった」という結論になってしまう。

企業の行う事業の場合なら、用地買収に思わぬ反対があったとか、台風や長雨にたたられたとか、急に不況になって売れ行きが悪かったとか、金利が急騰したとか、他社のストが影響したとか、特殊事情の理由は尽きない。

「戦闘は敵も味方も互いに錯誤の連続だ。より少なく間違えた方が勝つ」といわれるが、事業とて同じである。一方に思わぬ不運があれば、他方には予想しなかった幸運もある。従って、「思わぬ不運」だけを並べれば、何でも失敗の原因を「特殊事情」にすることができる。それにもかかわらず、失敗例を挙げると「あれは別だ、こんな特殊事情があったから」という人は非常に多い。

実は、これこそが「成功体験への埋没」から脱する道をふさぐ最も危険な思考なのだ。確かに、戦争にしろ事業にしろ基本的には間違っていなかった計画が予想外の不運で失敗する例はある。しかし、それはきわめて珍しいことで、二度と続くはずがない。もし特殊事情による「例外」が二度出たとすれば、基本構想のどこかがおかしいのである。成功体験に基づく事業を行って二度失敗すれば、それはもう絶対に特殊事情ではなく、本質的欠点があると思わなければならない。

競馬で借金した者も、相場で破産した人も、必ず「もう一回やらしてくれれば必ず取り返す。これまでは特殊事情があった」という。一見、予想外の不運に見えることも、実は本質的な欠陥から出た必然だったと考えた方がよいのである。

(4) 組織体質の点検

組織には天寿がない

人間には生存できる限界、つまり天寿がある。どんな偉大な人も、どれほど健康を気遣っても、永久に生きることはできない。チンギス・ハンに招かれた道教の長者・長春《ちょうしゅん》真人（真人は尊称）が答えたように、「人に不老長寿の術なし、ただ養生の道あるのみ」である。

しかし、組織には「天寿」がない。カトリック教会のように二千年も続く組織もある。その一方ではソヴィエト社会主義共和国連邦（ソ連）のような巨大な国家組織が、一九九一年の八月から十二月までの約百日間で消滅してしまうようなことも起こる。一時は「会社の寿命三十年」などと実《まこと》しやかにいわれたが、何の根拠もない。ドイツのフッガー銀行のように、十五世紀から五百年以上も続いている企業もあれば、カナダのオリンピア&ヨークのように短期間で世界最大の不動産会社になり、またたく間に倒産する企業もある。アメリカでは、一九八〇年代には著名な企業が数多く破産消滅した。組織には「天寿」がないだけに、いつまでも生き続けることもあれば、いつ消滅しても不思議ではないのである。

　それだけに、組織を預かる者は、常にその健全性を注意深く点検していなければならない。それは企業の場合でも、単に利益額や純資産額だけの問題ではない。人間の健康が数多くの要素で測られるのと同様、組織の良不良にも、様々な側面がある。アメリカの証券会社、ドレクセル・バーナム社や日本の新興不動産会社のように、一見いたって盛業で巨額の利益を上げているように見えた企業が、二、三年で倒産することも珍しくない。

従って、組織の点検も、いろんな角度と水準と方法で行わなければならない。それを常に体系的かつ意識的に怠らないことが、組織管理者の務めというものだろう。また、組織と関わる者、例えば企業に投融資する金融機関に就職する者も、そんな用心深い考察が望ましい。組織点検の技術は、きわめて広範な利用価値のあるノウハウである。

組織の欠陥を隠す予算不足と人材論

組織の点検は、決して簡単にできることではない。組織内部の者は常に自分の組織はうまくいっている、自分のセクションには問題がない、と主張する傾向がある。特に共同体化という「死に至る病」にとり付かれた機能組織では、情報秘匿が行われ、問題を外に出そうとはしない。その上、具体的な事件や事故が発覚すれば、管理強化と権限拡大を要求するし、全般的状況からの不備を指摘されると、必ずカネ（予算）とヒト（定数）の不足を理由にする。つまり、権限を強化し、カネとヒトさえ増やせばすべてうまくいく、と主張するわけだ。従って、外部の者はもちろん、上部組織の管理者でさえ欠陥を発見することが難しく、かえって悪しき組織を大きくしてしまう。

例えば支店長会議などで、各支店の問題点を挙げさせると、大抵はカネとヒトの不足や施設の不備を並べて、組織的欠陥を明確に述べる者は少ないだろう。しかし、カネとヒトとの不足や設備の不備をいい立てるのは、組織的欠陥を隠蔽することになり易い。もともと軍隊や企業などの機能組織は効率を追求するものだから、費用対効果の比率が重要だ。従って、カネとヒトは不足気味なのが当然なのである。

また、常に登場する人材不足という論も組織論においては有害である。例えば、政治改革の議論では、すぐに政治家の質という人材論が語られ、政治家それぞれの倫理が問題にされる。教育問題を論じると、教師の質、教員の能力や人格が持ち出される。医療問題では医師の倫理と資質が問われる。いずれの場合も、すぐれた人材ばかりが集まれば、全体がよくなるという人材防衛論（優れた人材で組織や機能を守ろうという発想）である。

人材防衛論は間違いではないが、組織論としては敗北を認めるに等しい。もし、全盛期の金田〔正一〕投手のような剛腕投手が五、六人いて、王〔貞治〕選手のようなバッターが九人揃った野球チームができれば、優勝するのも容易《たやす》いだろう。しかし、そんなことはあり得ないから、組織によって目的を達成しようとするのである。そういう意味で、組織を点検する者は、予算論、人員論、施設論、人材論に陥ることを避けなければならない。部門組織の長や組織の管理者は、この四つを持ち出す前に、組織的欠陥の有無を徹底的に点検してみなければならない。

要素の点検（品質検査）と中味の点検（効率検査）

組織の点検とは、業績の点検ではない。企業の売上げや利益額、軍隊の勝敗、官庁の権限や予算額、政党の得票数や当選者数などの業績は、現在時点における組織の行動結果であって、組織そのものの体質や気質を表すとは限らない。企業の売上げや利益は景気によっても左右されるし、軍隊の勝敗や政党の当選者数は相手の強弱でも決定する。好運と弱敵に恵まれた業績に安心していると組織の体質が劣弱化し、気質が頽廃に陥っていることも珍しくない。それはあたかも、今日只今の段階でスポーツが巧みだからといって、その人の体質と気質とが健全な証明にならないのと同じである。今日の好業績に安心して、組織の点検を怠ってはならない。

組織の点検をするときの点検項目として、まず第一には「要素の点検」がある。これは、人員、施設、資金、技術、製品の数量と品質などの要素を一つ一つ点検することだ。最も簡単でどこの組織でも行われているはずである。ただ、ここで重要なことは、それらを個々別々に並べるのではなく、組織的な視点での比較検討が必要なことだ。つまり、人員と施設とは均衡しているか、製品の数量と品質とはバランスしているか等々を意識して見ることである。

軍隊でも官庁でも企業でも、とかく現にあるものは疑いを持たない。個々の職員や機器については検査しても、人員と施設のバランスは、前例通りなら欠陥が見逃され易い。製品の品質管理は十分にやっていても、生産量との関係は忘れられがちである。このため、時には気付かぬ過剰人員がいたり、生産量の割に過剰品質になっていたりする場合もある。

また、新規の技術やシステムが登場した場合には、費用対効果のバランスを超えた過剰投資が生じ易い。「初見興奮」といわれる現象である。一九八〇年代、世界の多くの企業が情報の機器やシステムに過剰な投資を行ったのもその一例である。こうした現象は、特に本社機構やスタッフ部門において起こり易い。個体としては優良でも、組織的均衡を欠くものは、その状況の中では不良なのである。

第二段階の点検は「中味の点検」、いわゆる効率検査である。生産工程や営業販売の効率、労働生産性、製品の市場性とその将来、原材料および製品の在庫および輸送、下請企業や販売店の配置、資産運用などを点検することである。

現在、日本の企業では、少なくとも生産、営業部門ではこの種の点検はよく行われているが、本社管理部門では必ずしも十分とはいえない。特に経営状態が良好な時期には、本社管理部門やスタッフ部門の検査が甘くなり易い。バブル景気時代の交際費や資産運用の甘さもその表れだろう。とかく企業では「儲かっているのだから、良いではないか」という発想に陥り易い。

一方、官公庁や財団法人などの非営利組織では、これさえ十分に行われない場合が多い。日本でも毎年会計検査院が官公庁や補助団体の支出を監査しているが、これは単に不正・不当の支出を調べるだけで効率には立ち入らない。このため、手続きの正当性と支出対象の合法性さえあれば極度の非効率がまかり通ってしまう。いわゆる官僚主義的非効率である。

組織の点検においては、「現に儲かっている」「今は問題はない」といった態度を捨てて、常により効率的なやり方があるのではないかという視点から厳しく見る必要がある。

仕組みの点検（体質検査）

それにしても、要素や中味の問題は分かり易い。このため、組織改革となれば「中味いじり」に熱中するあまり、それ以上の大局を見失う危険が大きい。

組織全体としてより重要なのは「仕組みの点検」、つまり体質検査である。組織の構成員は、日々、自分の属する仕組みの中で働き、その仕組みに合わせて教育・訓練されている。このため構成員個人にとっては、仕組みは所与の条件となり、その人為性や特殊性を感じなくなってしまう。従って、組織全体としての仕組みを点検し、体質構造を検査しようという発想は生まれ難い。

例えば、一九八〇年代初期の国鉄改革がそうだった。一九七〇年代から国鉄の赤字が年々肥大化し、何らかの改革が不可避となった。その時、まず登場したのは国鉄自身の内部改革案だ。これが実に第一次から第七次まで七回も改訂して出されているが、その主要な内容は、人員の削減や配置換え、赤字路線の廃止、手荷物取扱い業務の集中、施設の改善等である。つまり要素の点検と効率の点検に基づく「中味の改革」案だったのだ。

ところが、こうした改革が実施されている間にも、赤字は減るどころか、増える一方だった。それには、改革が内部の抵抗や労組の反対、政治家や地方住民の介入で徹底しなかったこともあるが、最大の問題は改革を阻む仕組みが存在したことである。

そこで八〇年代に入って、国鉄（国有公社運営）という仕組み自体を点検し、分割民営化案が打ち出された。これに対しては、当初は「非現実的」という声が強かった。「仕組み」を「所与の条件」と感じる内部者からみれば、そう思えたのも当然である。

ところが、「非現実的」といわれた分割民営化がたった四年で実現、仕組みが変わるとたちまち効率が向上し、無駄使いがなくなり、収益が上がり出した。国鉄時代には二、三年に一回の割合で運賃の値上げをしていたのが、民営化以来五年間はほとんど値上げをしなかったのに、各社とも収益が増えサービスが向上、一九九二年には補助金を上回る税金を納めるまでになった。仕組みの改革がいかに重要かを示す好例である。補助金や無利子融資を得るために、仕組みを変えられない状態に自らを落とし込んだ前述の石炭産業の例と比較すれば、このことは一層際立つはずである。仕組みによる浪費（コスト高）に比べれば、一兆円程度の補助金などは取るに足りない少額なのだ。

国鉄と同じ時期に民営化されたもう一つの巨大組織、電電公社の場合も同じである。公社時代末期の一九八〇年に、公社総裁は国会で「五、六年間は現在の通話料金が保てる」と誇らしげに答弁している。ということは、五、六年のちには値上げが必要と予想していたわけだ。ところが現実には、民営のNTTになってからは長距離電話を中心に猛烈な値下げをして、なお黒字を継続している。これも仕組みが変わったお陰なのだ。

ただNTTの場合は、全国一社体制を保ったことやリクルート事件以降再び官僚統制が強化されたことなどで、国鉄＝JR六社ほどの改革インパクトがなかった。その結果、改善の方もそれほど進まず、今では再び値上げ依存体質に逆戻りしている。再度、地域分割などを行い、仕組みの改革を推進すべきだろう。

国有公社と民営とはどこがどう違うのか、個々の法令や規則を論じる必要はない。組織の点検として重要なのは、現にある仕組みが、どのような状況（理想）を実現するためのものかを冷静かつ白紙の心境で考えることである。

「公社」という仕組みの目標

日本の主要な鉄道は、明治三十九年（一九〇六年）の「鉄道国有法」によって国有化された。当初は鉄道省の直轄事業だったので「省線」（鉄道省線路）と呼ばれたが、昭和二十四年（一九四九年）、運営を「公社」という形にして国有公営制になった。電電公社も、もともとは逓信省の直轄事業だった電信電話事業を、国有公営した点では国鉄と同じ仕組みである。違った点は、鉄道が一九六〇年頃から近距離旅客は自動車に、長距離客は飛行機に、貨物はトラックやフェリーに奪われて衰退傾向だったのに比べて、電気通信事業は猛烈な成長産業となった点である。

こうした経緯からも分かるように、国鉄や電電の「公社」というのは国策追求型の仕組みであった。ここで重視された目標（国策）とは、

①国（または国民経済）全体の発展と開発に資する（経済基盤）。
②全国津々浦々に途絶えることのない利便を与える（公共性）。
③全国民に平等な利便の機会を与える（平等性）。
④国際競争に勝てるような高度技術と施設を開発し維持する（先端技術効果）。
⑤絶対に安全確実であること（安全性）。

の五つである。

国鉄や電電は、この目的を達成するために、数々の便益を国から与えられていた。財政投融資や補助金も受けられたし、固定資産税の免除もあった。基本的には独占体制で、コストに見合った料金を認可されることにもなっていた。一見、真に有難い条件であり仕組みである。

しかし、これだけの保護と補助を与えるのは、利潤追求を目的とした組織ではないからである。従って、公社の仕組みの中には、民間企業のような①コストの引下げ、②売上げの拡大、③効率の追求、などが目標として入り込む余地がなかった。

このため、国鉄が内部改革案によって労働効率の向上や赤字路線の廃止を行おうとすると、公共性や経済基盤、平等性の観点からの議論が先行してしまう。運転手の「二人乗務」を廃止しようとすれば、まず安全性の議論が出て労組が反対する。上越新幹線を造るとなれば最先端の技術を駆使しなければ納得できない。

総理大臣辞職後の田中角栄氏に、「貴方が造らせた上越新幹線は大赤字、その責任をどう考えるか」と訊ねたことがある。それに対する田中角栄氏は、「俺は新幹線を造れといったが、時速二六〇キロにしろとはいわなかった。一八〇キロにすれば三分の一の費用でできたはずだ。それでも政治家は『雪が多いから仕方がない』とでもいわれれば承知したのに……」と答えた。

また、国鉄改革を推進した某有力政治家は、「国鉄が民営分割に反対する理由として、『世界最高の技術を持つ鉄道技研が維持できない』という項目があった。鉄道技研の研究費は七割以上が超高速鉄道の研究に投じられており、在来線の改良には一割も費やされていなかった。これを見た時、やっぱり民営分割しかないと決断した」といったことがある。公社という仕組みでは、資金や施設の効率性が考えられない。常に最高の技術と最大の公共性だけが追求され、費用対効果の発想は出て来ない。それを目標とする仕組みにはなっていないからである。

電電公社とて、基本的には変わりがない。国鉄とは逆に戦後最高の成長分野にあったお陰で、赤字も値上げもなく、一見「経営と物価の優等生」に見えたが、コストの引下げと売上げの拡大、効率向上の意識が乏しかったことは同じである。公社時代には「五、六年後に値上げ」と予想されたのが、民営化後は大幅値下げできたのはその証拠である。

仕組みの目標と結果を捉える

以上の例からも明らかなように、仕組みの点検に当たっては、まず第一には、現に行われている仕組みが、どのような理想を描いて作られ、どのような目標を持ったものかを、明確に捉えることが必要である。

　企業の場合には、当然、コストを引下げ、売上げを伸ばし、労働、資金、施設の運用効率を上げるように仕組みができていると思い込んでいるだろうが、必ずしもそうとは限らない。日本の企業の中には、生産量の確保やシェア拡大のための仕組みになっているものも多い。特に共同体化が進んだ企業では、従業員（なかんずくホワイト・カラー）の安泰安住のためにでき上がった仕組みや、系列会社・代理店の確保のための仕組みも少なくない。

　第二には、現にある仕組みが、どのような環境に対応して作られたものかを見きわめることである。

　戦後のヒト余りモノ不足時代に対応した原材料確保と雇用増大を目標とした仕組みが残っている官公庁や企業は案外多い。高度成長に対応した生産拡大第一の仕組みは今も一般的である。何より問題なのは、国際競争のない国内市場を前提とした「コスト＋適正利潤＝適正価格」式の仕組みが多いことだ。戦後の日本の市場は、流通、金融、情報、運輸などはもちろん、輸出入の多い製造業ですら、国内市場ではこれが適用されて来た。加えて一九八〇年代には、高級化、多様化、ブランド化の声によって高価格化が押し通せた。このため、日本の企業には低コスト・低価格化のための仕組みはほとんどなくなってしまった。

経済のグローバル化によっても、最近の消費者の低価格志向からも、コスト引下げを図らねばならないこれからの時代には、コストを引下げることが各部門組織にも有利に作用する仕組みの導入が重要である。

第三には、現にある仕組みが、どのような結果（効果）を生んでいるかを見きわめることだ。

例えば、その仕組みの結果はコスト引上げ方向に作用しているか、引下げ方向に作用しているかである。バブル経済華やかな頃、日本人が外国の有名絵画を買い漁った。クリスティーズやサザビーズでセリ落とす。その際、この仲介を務める画商には購入価格の一定比率で手数料が支払われる。これでは、高い価格でセリ落とした方が画商の手数料は多くなるので、価格引上げ方向に働く仕組みである。同じことは、土地買収や広告、イベントの代理業務にも見られる。

逆に「何円以下で買えれば、その差額の一定比率を支払う」という「仕切り制」なら、価格引下げ方向に作用するだろう。現にある仕組みが、どんな方向に作用するものか点検することも大切である。

仕組みの欠点は取締りで防げない

長く一つの仕組みを続けて来た組織が、陥り易い落し穴は、仕組みを変えずに、その欠陥を取締りによって防ごうとすることである。

国鉄の内部改革案がそうであったように、効率を考慮しない仕組みを変えずに、無駄な人手や施設がないか、従業員が余計な時間や経費を使っていないか、監視監査の機関を作って改善しようとする。しかし、こうした方法では、どれほど強力な監視機関を作りどんなに厳しい罰則を設けても、一時的な効果しかない。このことは、最も監視と懲罰が厳しかった戦時下の日本やブレジネフ時代のソ連を見れば一目瞭然だろう。戦時統制や社会主義計画経済では、効率の向上が各部門組織（官庁や企業、各事業所等）の利益に繋がるような仕組みがないのである。

今日の日本でも、政府機関は広くこの誤りを犯しているし、新聞世論もしばしば誤った論評を掲げている。例えば医療機関の過剰投薬や過剰検査は常に問題になり、大蔵省（現財務省）は厚生省（現厚労省）に監視を厳重にするよう再三注意しているが、今日の健康保険制度（特に国民健康保険）がある限り、まず改善されることはないだろう。現行の仕組みでは、投薬と検査を多くする方が医療機関は儲かり、患者はほとんど損をすることがない。支払いをする保険機構も人員と予算が増えるから組織拡大と権限強化の目標を達成できる。つまりこの仕組みの中には、コスト引下げに作用するような仕組みが、何一つ加えられていないのである。

自動車賠償保険のように健康保険を完全民営化し、保険医を保険会社との自由契約制度にすれば、過剰投薬や過剰医療で高くつく医療機関は保険会社から解約されてしまう。逆に名医の誉れ高い機関や深夜診療、救急診療の機関は、保険会社としては絶対に加えたいから割増しを支払っても契約するだろう。つまり、技量とサービスが医療機関の収入と名声に反映する仕組みになるから、監視などしなくとも適正な状況ができ上がるはずである。今日の健康保険の仕組みは、医療コストの引下げや医療サービスの向上を目標としたものではなく、医療機関の経営的安定と医師の所得保障を目標としたものだ。この結果（効果）が、医療機関の倒産の少なさ、医師の高額所得、そして医療費の急増となって表れているわけである。

組織の改革を目指す者はみな、まず要素を点検し、次いで中味を改革しようとする。しかし、中味を二度改革して効果がなければ、必ず仕組みを点検しなければならない。これを怠ると、組織は確実に衰退する。

(5) 組織気質の点検

士気と協調性を決めるコンセプト理解度

人間には、肉体的な体質と精神的な気質がある。組織にも構造的な体質と精神的思想的な気質がある。組織の点検においては、構造的体質の面と同時に、精神的気質の面もおろそかにしてはならない。そしてそれこそが最も難しい。組織気質においては局部的良好さが全体的不良に繫がることも少なくないからである。

精神的な組織気質の第一は構成員の士気、つまり「やる気」である。これは、個々の構成員によって異なるが、組織全体を包んでいる雰囲気が重要だ。企業でも、全体が士気旺盛、やる気満々という会社もあれば、何となくだらけて、なるべく仕事を避けたい雰囲気の会社もある。一応遅くまで残業しているが、その実、成果の上がらない部署もあれば、休憩休日はきちんと取って効率よく仕事をこなしている部局もある。本当の士気旺盛とは、結果としての成果を上げることだから、もちろん後者の方である。

職場の士気を測る一例として、ある成功した経営者は「電話交換の速さと女子社員の動き」を挙げた。そんな末端にこそ、組織全体の雰囲気が表れるのかも知れない。第二は組織間の協調度だ。士気は旺盛でも各人各部局の自己主張ばかりが強く、協調性を欠く場合もあるからだ。いやむしろ、各部局や支店の士気が盛んになると、相互の競争心や権限意識が高まり協調性を欠くようになり易い。逆に組織全体が共同体化すると、成果を上げようとする積極性は失われ、互いになれ合いの協調性が深まることにもなる。

　この双方を両立させるためには、組織全体の成果を重視する協調性が生まれ、組織目的が十分に理解浸透していればよい。このために重要なのが、コンセプトの理解度である。つまり自分の組織（会社）が目指す目的と理念、いわば理想像が明確に理解されていることが大切である。ある経営評論家が某電機メーカーの社長に、

「おたくはまだだめですね。社長のあなたが言ってることと、現場の課長が言ってることと違いますよ。これが日立へ行くと、社長も課長も一般職員も、みんな同じことを言っています。松下電器なら、社員ばかりか販売店のおやじまで幸之助さんと同じことを言っている」

　と語ったことがある。つまり、日立や松下はコンセプトの理解度が高いというわけだ。

　もっともこれは二十年も前、日本経済も電機業界も高度成長期だった頃の話だ。当時は、日立や松下に限らず、日本企業の多くが比較的単純なコンセプトを掲げることができた。

成長拡大は企業のためにも従業員のためにも、また日本や人類全体のためにも、「良い」ことと信じられた。日本の企業が概して士気が高く協調度も優れ、企業忠誠心が強かったのは、そうしたコンセプトの明確さと浸透度の深さに負うところが大きい。

ところが、一九八〇年代に入ると輸出過剰や環境問題が現れ、企業の拡大成長が必ずしも日本社会や人類全体のために有益とは限らなくなってしまった。特にバブル経済の崩壊後は、企業規模拡大に走った多くの企業が失敗し世の非難を浴びたため、目指すべき企業の理想像が見失われがちである。

このことはやがて――一部では既に――社員の士気を低下させ、いたずらに権限意識の強いセクショナリズムを呼ぶ恐れがある。今こそ経営トップが基本方針を定め、企業の理念、理想像を明示すべき時だろう。

機能性の尺度は命令実行度

気質の点検の第三は命令実行度。前述のように組織である以上、上司（権限者）の命令は必ず実行されるはずだが、実はこれが容易ではない。ソ連大統領だったゴルバチョフ氏が「不思議なことに私の命令は実行すべきかどうかがまず検討される」と嘆いたことは前述したが〔本書九〇頁〕、この時点で「鉄の結束」と誇った一党独裁政権の官僚機構は事実上崩壊していた、といってよい。その責任の一端は、ゴルバチョフ氏自身の大統領令乱発にあった。組織の指導者たる者は実行されないような命令を出してはならない。また、命令を下した以上は、実行しなかった部下は必ず処罰しなければならない。命令不実行は、組織における最大の罪である。

　しかし、命令不実行は、崩壊寸前の組織にだけ起こるのではない。逆に結束力の強い組織でも起こり易い。結束が強いあまり組織構成員の意にそわない命令を下す命令権者を「組織外の人物」と見なしてしまうのだ。日本の官庁はその典型で、大臣の命令や法令の定めが、実行すべきかどうかまず検討されている。いや、多くは検討さえされずに放置されている。実行されるのは、大臣命令がなくとも官僚がやろうとしていたことだけである。それをよく知っているから、大臣の方も、官僚が上げて来た案件に印を押して形式を整える以外は、命令を下すことなど滅多にない。せいぜい「意見」または「感想」を述べる程度である。

　企業でも、大組織になると社長命令を実行するかどうか検討される場合が少なくない。日本の大組織では権限が下部にまで分散された集団的意思決定方式をとっているから、トップの命令も中間段階で大きく変更される。中でも多いのは「現場の実情に合わせてじっくり時間をかける」ことだ。そしてそれは、しばしば無期延期を意味している。

命令実行度が低くなると、それを前提にして命令を乱発するトップも登場する。そんなことが起これば、下部の者は上層部を信頼しなくなり、ますます実行度が落ちてしまう。命令実行度が低下した場合、一部の部局（構成員）が命令を実行しても、それと連動するはずの他の部局（構成員）が実行していないため、全体事業が実現しないことになる。当然忠実に実行した部局の者は阿呆らしくなって、次には命令を実行しなくなる。つまり、組織が組織的に動かなくなってしまうのだ。

これが戦場における軍隊であれば、命令を実行した部隊だけが敵中に取り残されて全滅することにもなりかねない。軍隊において、命令違反がことの善悪にかかわらず軍法会議にかけられるのは、互いに「受命必行」を確信しなければ連携作戦が怖くてできないからである。

このため、軍隊の組織構造は、それにふさわしくできている。その第一は、命令権者の明確化だ。軍隊では、総軍─方面軍─軍─師団─連隊─大隊─中隊─小隊─分隊と一列の命令系統があり、それぞれ直近上位の命令のみに服することが義務付けられている。軍司令官といえども、師団長、連隊長を飛ばして大隊を動かすことができない。また、命令権者に事故ある時は、これを直ちに引き継ぐ先任将校順位があらかじめ定められている。従って、異なる命令が別々に出ることもなければ、司令部が空位で必要な命令が出ないということもないようになっている。

第二に命令の種類が明確にされている。大本営命令、△△軍命令、○○師団命令と分かれ、それぞれに番号が付いている。通信連絡の不備などで命令到着が混乱した場合、最も後から出た命令を実行すればよいのである。また、作戦行動か常勤整備事項か注意か単なる激励かといった種類も明記されている。

第三には、誤解のないように命令文の書式が定められている。情況説明―作戦目的―方針―実施内容（場所・方法・行動）―注意事項―感想の順である。恐らくこれが最も分かり易い型式なのであろう。

命令実行の心理的側面

しかし、軍隊方式が万全とはいえない。むしろ企業や通常の官庁の場合には、いくつかの弊害もある。

その第一は、命令系統が遮断された時、一部または全部が動けなくなることだ。戦場では通信不能などで、しばしばそれが起こり、部隊の悲劇を生み出す。第二は、事態の変化に対応した能力（兵力）の組み変えに時間がかかることだ。軍司令官の最大の課題は、敵の出方や味方の損傷に応じた部隊再編成能力にあるといわれるのは、このためである。第三は、各部隊が直近上位にのみ絶対服従するために、中間指揮官が独自に命令を出せば、それ以下が従ってしまう危険である。満州事変における関東軍の独走や、二・二六事件での青年将校の叛乱などはその例だ。陸軍大臣や師団長でさえも、中隊長の命令に服する兵士を連れ戻すことができなかった。

要するに、命令実行度で最も重要なのは、こうした組織構造の問題よりは、上部命令を厳守実行する雰囲気があるか否かの組織心理、つまり気質の問題だ。これを保つためには、命令形態の明確化や伝達方式の確立（定形化）にとどまらず、信賞必罰の人事慣行を築く必要がある。

ここで重要なのは、命令を受ける側の信賞必罰と同時に、発する側に対してもそれを怠ってはならないことであろう。もし、組織の上位者が、誤った命令を出して損失を招いたのに、何の罰も謝罪もしなければ、次には必ず「この命令は実行しない方が全体のためだ」という心理を持つ者が現れる。また上位者が必要な命令を出さなかったために不利な状況に陥った時、その責任を無視していると、次には独自の判断で行動する者が現れる。

組織の気質を良好に保つためには、常に地位と権限の大きな者ほど責任が重く、罰則が厳しくなければならない。少なくとも、誤った命令を出したこと、あるいは必要な命令を出さなかったことの理由を説明し、その責任の取り方（必ずしも辞職や転勤ばかりではないである。

が）を明示すべきであろう。この意味では、組織の管理者は、常に雄弁多言であるべきである。

倫理の点検――腐敗と頽廃

最後の、そして最大の問題は倫理の点検だ。前述のように、組織にはそれぞれに独自の主観があり、倫理観がある。

そしてそれが腐敗したり頽廃したりすることが多い。

組織には、大なり小なり腐敗はある。例えばごく一般的な常識人なら、通常は他人のものなど封筒一枚エンピツ一本といえども黙って持ち去ることがない。ところが自分の勤める職場であれば、封筒やエンピツぐらいは持ち出し私用に供する人も珍しくない。他人のものを私用するのは悪いと知りながらも、職場のものなら「封筒やエンピツぐらいは」という気持ちになってしまう。仕入れ納入業者や工事発注先から、金品饗応を受けるのは良くないと知りながらも、大抵の人は盆暮の贈答品や料亭、ゴルフの招待を受けている。「これぐらいは仕事のためにも許される」と思うからだ。

ここで問題は、「これぐらいは」の水準が世間の常識を著しく逸脱しているかどうかだ。日本の企業は交際費支出が著しく多く、ＧＮＰ当たりで見ると欧米の六倍にもなっている。

従って、日本企業の「これぐらいは」水準は、欧米人から見れば倫理の腐敗に見えるだろう。

もちろん、世の中には、もっと積極的に物欲や権力欲のために、悪いこととは知りながら世間と組織の正義に反する行動を取る者もいる。だが、それはごく少数であり、多くは人間性の弱さのためだ。はじめはすぐ返すつもりで会社の金を流用したが、予定通りに事が運ばず、ついつい大金を横領する結果となったという例は少なくない。仲間や親類への見栄から与えられた権限以上の振舞いをする者もいる。ほんの一瞬の出来心で女性や取引先とトラブルを起こして深みに溺れる者もいる。近松門左衛門の心中ものがよく表しているように、倫理的腐敗者の大部分は、個人的には同情に値する一面を持っているものだ。

もし、そんな弱さを持った人物が権力の座に就けば、組織は重大な損失を蒙る。無能な息子を社長に就けるのも、ほれた女性に手数料を支出するのも、これに当たる。

こうした問題は、どこの組織でも起こり得る。問題は、これに対応する組織の気質である。組織の腐敗とは、そうした個人が出ることではなくして、それを防止する気質が組織から薄れること、つまり内部秘匿性の高まりと、賞罰の弛緩である。

例えば今、政治倫理の問題が、大きく取り上げられている。ここで重要なのは、政治資金規正法に違反した政治家がいたことだけ（これももちろん問題だが）ではない。それを政界が仕方がないこととして軽視する風潮があることだろう。

民主主義の政治には金がかかることは事実だし、ある程度金をかけなければ良い政治はできない。ポスターも貼れば演説会も開く。冠婚葬祭にも小まめに顔を出してこそ、政治家の人柄と政党の政見が分かるのだ。これらすべてを否定して、選挙公報だけで投票しろというのでは、地域の顔役か労組・宗教団体の役員か、タレントしか政治家になれなくなってしまう。

それはどうあれ、法律は法律、政治資金規正法を作ったのは国会議員自身である。自ら作った法律を守らないのは遵法精神の衰弱だし、守れないと知りながらそんな法律を作ったとすれば、世間をあざむく行為だ。これを知りながら、多くの政治家が法を犯しているとすれば、政界という職能集団には倫理的腐敗が拡まっているといわざるを得ない。

しかし、政界の問題でも明らかなように、腐敗は腐敗である限り浄化される。内部での相互牽制も働くし、外部からの摘発もある。本人も内心やましいだけに世間の非難には耐え切れない。その意味で、これはまだ組織の「死に至る病」ではない。

前兆としての倫理の逸脱

腐敗よりもはるかに恐ろしいのは倫理の逸脱、つまり世間一般の常識と当該組織の中の主観とが大きく乖離してしまうことである。

極端な例を挙げれば、いわゆる暴力団だ。彼らは「仁俠道」なるものを唱え、「組のため」と称して肉体的危険も社会的汚名も恐れずに働く。組織に対する忠誠心の強さでも、組織倫理の信奉心でも、一般の企業や官庁の職員を上回るほどだ。だが、そのことが世の非難を浴び、活動を困難にし、構成員の質的低下を招いていることは否めない。彼らの唱える「仁俠道」とその倫理に基づく行動とが、今日の社会一般の常識とはあまりにもかけ離れているためである。

ところが、こうした世間からの逸脱がまた、一段と彼らの結束を固くし、忠誠心を深める効果もある。倫理の違いは判断基準と功績評価を変え、他の社会では評価されない（むしろ非難される）行動が、その組織内だけでは賞賛される。このため、そうした行動が得意な者が集まるようになるからである。つまり「俺らは他では生きれぬ仲間」故に、ただただ結束し相互評価することで、自己満足と存在価値を感じようとするわけである。

三派全学連や連合赤軍、あるいは戦争前の一部過激左翼などで起こった暗い事件も、これに類似している。これらはあまりにも極端な例かも知れないが、同じような傾向は一部の宗教団体や軍隊、官庁にも起こるし、時にはごく普通の企業にも起こる。

例えば、バブル景気の真最中には、真面目で常識的であるはずの銀行や証券にも、ごく一部としても倫理の逸脱が発生した。預金獲得額や証券取引額、あるいは利益額などのノルマ達成が強調されたあまり、それに至る手段の善悪や状況変化の危険を無視した活動が「組織のため（会社のため）」という倒錯した倫理によって、正義感と忠誠心を持って行われていた。それでもまだ、この段階では、組織の倫理が世間とは異なることが意識されていたに違いない。それ故、逸脱を是正しようとする力は働く。バブル時代の企業でも、是正の声は組織内部からもでていた。だから、一、二の不祥事が発覚すると、「実力者」といわれたトップも交替を余儀なくされた。つまり、組織の気質が正常であれば、倫理の逸脱は早晩是正されるはずである。

究極の問題は倫理の頽廃

しかし、これがさらに進み、組織の気質自体が頽廃してしまうと、何が正しいことか組織全体が分からなくなる。これこそ組織を最も悪しき害毒の発生源に変える錯誤だ。

実は、これにもいくつかの形態がある。第一は、組織自身の目的のために、その組織が作られた本来の目的を見失ってしまう形である。前述の旧日本陸海軍もそうだったし、住宅公団理事のケースもそれである。企業の中でも、特定の支店や事業部にはこんな例がしばしばある。

第二は、自己の担当分野だけを重視して、他との均衡や外部コストを見失う形である。日本の官庁にはこの例が多いことは前にも述べた。企業の内部でも、特定の手続きや監査を行う部署が、企業全体の効率や損得を無視して自己の権限を振り回し、結果としては大きな損失を企業全体に与えている例は少なくない。

より一般的な形でいえば、それぞれの部局が、自己だけの最善を求める結果、全体としてマイナスを生む「総合の誤謬《ごびゅう》」である。各事業部が自己の便利のために資金をプールすれば、全体としてはきわめて非効率な運用となる。ある部署が過剰在庫を減らすために安売りした結果、全社の製品がイメージダウンすることもある。ある事業部が安易な新製品を発売したため、企業コンセプトが崩れた例もある。高級料亭が昼食にキツネうどんを出せば、うどんは売れるだろうが高級料亭としての名声には決定的なダメージを受けるだろう。

第三の形は、一時的な利益（効果）のために、組織全体を危くして顧みない「延長の誤謬」である。これもまた日本の官庁には一般化した現象だが、企業でも珍しくない。バブル景気の中で一時の浮利を追ったのは倫理の逸脱だったとしても、その結果生じた損失を評価のごまかしや子会社への売却などによって隠蔽するのが当然の正義と信じられるようになれば、最早、倫理の頽廃としかいいようがない。

倫理の頽廃の恐ろしさは、それが正義の仮面を着けているために、容易に是正されないことだ。むしろ多くの場合には、組織内では評価され賞賛されることが多い。従って、これがはじまると、頽廃の拡大再生産の悪循環が起こる。特に共同体化した組織では倫理の頽廃が起こりやすいから、常に倫理の健全性を点検しなければならない。

現在の日本の組織は、高度成長時代の社会環境に慣れ、士気と協調性だけを重視する傾向がある。しかし、これからの波瀾の時期には倫理の健全性こそが、最も重要な課題になるであろう。

第五章　社会が変わる、組織が変わる

近代歴史学の欠落部分

組織史は、近代歴史学の中では最も研究の遅れた分野である。物的証拠が少ない上、文献証拠も頼りにならない。文献に現れる組織図や職名と、事件記述から認められる人物の役割とは、必ずしも一致しないからだ。晋の王衍《おうえん》は太尉（国防大臣）だったが、清談にばかりふけっていた。北条泰時は武蔵守に過ぎないのに全国の武士に号令した。サヴォナローラはドミニコ会の修道僧なのにフィレンツェの政治を支配した。

近代歴史学は、物的証拠や文献出拠を重視して、推測を否定する学問思想を作り上げた。これでは「バクテリアの選択」といわれる通り、たまたまバクテリアが破壊しなかったものだけで歴史を構成することになる。それでは組織の機能や実態は、最も証拠が残り難く実証し難い分野になる。このことが組織史の発達を妨げる一因ともなって来たことは前にも述べた。このため、これまで組織の研究は、ほとんどが近代組織、つまり十六世紀に始まった軍隊・政治組織や十七世紀以降の商人組織からしか扱っていない。

組織は、それぞれの社会の生産形態と社会思潮に適応して作られる。そしてそれがまた社会の形態や文明の態様を定めていく。だから、近代の組織は近代社会にふさわしく作られ、近代工業社会を拡大発展させることに役立って来た。従って、社会自体が近代工業社会から脱工業社会《ポスト・インダストリアル・ソサエティ》、つまり「知価社会」に移ろうとしている今日においては、近代組織が生き残り得るかどうかが重大な問題である。歴史的な発展段階の変化は、組織の原理と構造と機能と気質を、根本から変えて来たからである。

その意味でも、古代に遡って、生産形態や社会思潮の変化と組織原理の変遷とを対比する体系的な研究が望まれるところである。ここでは、目下の社会変化「知価革命」に対応して、これからの組織がどのように変化していくかを理解して頂くために必要な範囲で、組織と文明の歴史を顧みておこう。

(1)　知価革命と組織変化

組織の歴史は文明の歴史

農業がはじまる前の原始的な共同体は、「強い者」がすべてを指導する単純な組織だったと思われる。最近の霊長類の研究から、猿の群れでもボスの周囲には「側近」がいることが分かった。原始的な組織では、機能は未分化でも階層はあったに違いない。

農業がはじまった初期、つまり始代においては、防衛、治安、徴税および種子保存のために王権が生まれた。王たちは、その権威を保つために神々の力を借り、祭儀と神託を利用して民を治めていたらしい。この時期（都市国家時代）の組織も、原理的には原始時代とさして変わらなかったと見られている。いわゆる祭政一致の機能未分化組織である。しかし一部には祭と政、つまり神事と政治とが分化していたところもあったはずだ。特に神に仕える者が女性の場合は、別に男性の軍事指導者がいたことだろう。もっとも、古代エジプトの女王にはつけ髯《ひげ》をした肖像もあるから、女性でも軍を指揮した者もいたらしい。

組織の機能分化が明確に現れるのは、紀元前一〇〇〇年代にはじまった土地改造技術の普及と金属の利用で起こった農業革命から、つまり古代に入ってからである。エジプトの「王家の谷」の造営組織は、事務長と技師長とを分離した組織の、現在知り得る最古の例である。中国の『史記』によれば、神話的名君「五帝」の五人目・禹《う》は洪水を治めた功績で王位についたが、その王宮には、土木・農耕・音楽等の専門家が集まっていたという。同時に禹は、世襲王朝の元祖ともされている。堯《ぎょう》や舜《しゅん》は王位を禅譲したが、禹は息子に世襲して「夏」王朝を築き上げたのだ。この伝承は、土地改造の農業革命と、機能別組織および世襲制とが同時に誕生したことを意味している。古代物質文明のはじまりは、同時に非属人的機能別組織のはじまりでもあったわけだ。技術の向上は専門家を必要としたし、専門家の活用にはあらかじめポストを定めて適任者を任命する仕組みを持った非属人的な組織が必要だったのである。

それぞれの役職（ポスト）が非属人的に存在する機能別組織の大規模な発達普及は、科学技術と物質文明の発展した古代と近代の特色である。古代ペルシャやローマ帝国もそうだった。漢王朝は律令体制を完成、六部の制度を作り上げた。そしてそこでは、膨大な量の成文法も作られた。組織を運営する規則が、非属人的に不変の法令として確立されていたのである。

しかし、森林資源の枯渇によって古代物質文明が崩壊すると、非属人的機能別組織も衰退する。中世においては、西洋でも東洋でも、「みんながすべてを」という機能分担のない組織に変わる。ここでは「円卓の騎士」や「傘《からかさ》連判」のような上下関係も定かでない「同等者による協議」方式が一般的だった。中国や日本では、古代の組織の役職名は残されていたが、その名にふさわしい機能や権限はなくなってしまう。

この状態からいち早く抜け出したのは、近代的な物質文明を早期に復活させた中国だった。十世紀後半に成立した宋王朝は、古代に優る機能別組織を作り上げた。中でも注目されるのは、事務長と技術長の分離が一般化したことである。何事も徹底することを好んだ宋代の人々は、この方式を軍隊にも持ち込み、軍政と軍令を分離、参謀本部（枢密院と呼ばれた）を独立させた。宋代に生まれた近代的な組織原理は、間もなくアラブ世界に伝わり、アラブ騎士団に採用され、やがて十字軍として遠征して来た神殿騎士団などによって西洋にも伝えられた。十二世紀頃からヨーロッパでも事務長と技術長を分離した組織が復活、複雑にして壮大なゴシック建築を可能にした、といわれている。

しかし神殿騎士団などによって持ち込まれた機能別組織の原理は、ヨーロッパでは容易には普及しなかった。身分制度の堅固な中世社会では、貴族たちは専ら事務長の方になったので、技術長の地位はきわめて低かったのだ。いつの時代でも、名門の子弟は法文系を好み、能力の分かり易い理工系を嫌うものだ。この結果、組織の細分化は遅れ、技術の進歩と事業の大規模化は妨げられた。これが全社会的に普及し発展するためには、技術長が身分によってではなく実力によって「カネ」を貯え事業を拡大できる条件が整うのを待たねばならなかった。即ち「産業革命」の到来である。

組織から見た産業革命

産業革命は、十八世紀の後半にイギリスで始まり、十九世紀のうちに西ヨーロッパやアメリカや日本へ拡がった現象を指す。具体的には、蒸気機関を利用する大型機械を組織的に利用する工場制工業生産が普及し、主要な資本蓄積と経済成長の源泉になった事件である。

要するに、現象的に見る限り、産業革命は一連の技術開発であった。しかし、技術開発は十八世紀の末から十九世紀にだけ起こったわけではなく、その前にもあったし、その後にもあった。九世紀から十世紀にかけて中国で起こった石炭利用を中心とする技術開発は、非常に大きかった。この結果は、「宋代亜近代」といわれるほどに発達した分業化社会が生まれ、産業経済は大いに発達した。十二世紀のヨーロッパにおける技術開発も実に多面的なので、これを「十二世紀ルネッサンス」という学者もいる。また産業革命の後にも、十九世紀の末から二十世紀の初頭にかけての電気機械と内燃機関技術革新があった。二十世紀の二〇年代から三〇年代にかけては化学工業の発達という技術革新があった。

J・D・バナールのような科学史家は、電動機と内燃機関が発達した十九世紀末からの技術革新を「第二次産業革命」、化学工業が発達した一九二〇年代から三〇年代を「第三次産業革命」と呼んでいる。これを受けて現在のコンピュータの発達を「第四次産業革命」という人もいる。しかし、まともな経済学者なら、そんな呼び方はしないはずだ。社会経済学の視点から見れば、産業革命はただ一回、十八世紀の後半から十九世紀にかけて起こった現象だけを指す。このときの技術変化によって生産手段と労働力の分離という社会的変革が起こったからである。

産業革命以前の生産形態は、生産手段を持った人々が家族を単位として労働をしていた。

農民は土地に対する耕作権を持っていた。商人は営業権と商品、店舗を持っていた。職人は工房とギルドでの権利を持っていた。そしてほとんどの場合、労働の単位は家族であり、主婦も老人も子供も、仕事も分担していた。

ところが、産業革命期に出現した蒸気動力によって動く大型機械は、それぞれの家族が持つには高価過ぎたし、家族単位の労働で運用するには大き過ぎ複雑過ぎた。これを運転し運用するには、多数の専門知識を持つ人材が必要である。

カール・マルクスは、この前半に着目、高価な生産手段が資本家の手に集中、生産手段を持たない労働者は労働力だけを販売する「自由なる労働者」になってしまう、いわゆる「階級の両極分化」が起こると考えた。従って、労働階級が無限に貧困化するのを防ぐためには、生産手段を強欲な資本家の手から取り上げ、国有化ないしは社会有化しなければならない、と主張したわけである。

マルクスの理論は、一見正しそうに思えた。だが、彼は産業革命の生んだもう一つの側面、大型機械の組織的な運営のためには、多数の専門家や技能者を含む組織的な労働が必要なことを軽視していた。大工場を運営するためには、資本家と「自由なる労働者」だけではなく、経理マンもエンジニアも中間管理職も必要だ。だから、生産手段の国公有化によって財産は平等化しても、権限の平等化はできない。従って、社会主義体制では「権限の不平等」が発生、党官僚や政府官僚が巨大な権力を独占するようになったのである。

この点を是正しようと試みたのは、毛沢東である。毛沢東は、文化大革命において専門知識の故に権力を握る実権派を批判、守衛も工場長も運転手も大臣も給与が同じ、権力においても平等だという体制を作ろうとした。しかし、知識のある者がない者より権限を持ち、役得を得るのは人間社会の抑え難い摂理だ。従って毛沢東の理想を実現するためには、知識のある者には他の面でのマイナスを負わさなければならない。文化大革命では、「知識のある者ほど保守的だ」という標語を掲げて、知識による権限の発生を思想的保守性による劣位性で帳消しにするようなことも考えられた。

だが、その結果は、専門技能者の総追放となり、生産と流通は破滅的な打撃を受けてしまった。大型の機械を組織的に利用する近代工業では、高度で多様な専門的な知識と技能を活かす近代的な機能別組織が不可欠だ。そしてそれには権限の集中と階層化も避けられないのである。毛沢東が試みた近代的な組織の否定は、近代工業そのものの否定にほかならなかった。

このことは、生産などの経済面に限ったことではない。政治・行政・軍事など、すべてに当てはまる。それ故、文化大革命の推進は、軍の近代化を否定し、政治行政の近代化にも反対することになった。しかし、結局は専門的知識と技能を欠いた江青《こうせい》女史らの四人組ときわめて無知な少年たちの紅衛兵だけでは、到底中国の政治と行政を御すことはできなかったのである。

近代の傑作＝企業

生産手段と労働力が分離する現象は、それ以後、電気動力や内燃機関が登場しても、化学工業が生まれても、進みこそすれ停止逆転することはなかった。十八世紀にイギリスからはじまった蒸気機関による技術革新のみを「産業革命」と呼ぶのは、この現象を生み出した社会変革に着目してのことである。

こうした近代工業に最適に作られた組織、それが企業、とりわけ株式会社である。物財に関心を持ち、物財を豊富にすることに幸せを感じる精神が生まれ出した近代は、自らの期待を実現するために数々の「作品」を創り出したが、その中でも「企業」という組織は最高の傑作といってよい。物財の効率的利用と生産拡大とには、企業という組織はきわめて適切な仕組みだからである。

企業組織の最大の特色は、物財を中核とした組織だという点にある。最初に資本、つまり物財が存在し、これを中核として権利と義務の主体となる疑似人格、いわゆる「法人」が成立する。人間はこの法人に雇われ、物財（資本）にまつわりつくように存在するに過ぎない。だから、近代的な企業では、人が代わっても法人としての会社は何ら変わることなく継続する。例えば新日鐵（現日本製鉄）は社長・会長が代わっても新日鐵であり、会社の所有する資産も借り入れた債務も、何ら影響を受けない。逆に、新日鐵の社長や会長が別の会社Ａを設立して社長・会長を務めたとしても、新日鐵株式会社が出資や債務保証をしていない限り、会社Ａは、新日鐵とはまったく関わりがない別法人である。近代的な企業組織の特色は、その徹底した非属人性にある。

この組織原理は、大型化した機械設備を活用するのには適している。まず第一に個人（家族）の資金に限られることなく、巨額の資金を集め大規模な物財を整えることができる。第二には、個人の老化や死去に関係なく、巨大な機械設備を運営することができる。第三には、常に最適の人材を探し求めて、それぞれの能力にふさわしい役割に就けることができる。第四に、個人の生命や人格に関わりなく企業イメージを拡げ、経営の拡大と安定継続を図ることができる。要するに、永続性のある組織を作ることで、巨大な機械設備を継続的に運用して規格大量生産を実現することができるのである。

近代が生み出した傑作・企業の組織原理は、近代社会のあらゆる面にも適用された。教育機関や医療機関はもちろん、企業よりもずっと古い歴史を持つ宗教にも応用された。教育機関はもともと特定の個人の学識と人格をしたう弟子たちによって形成される塾だったが、近代では永続的非属人的な学校法人となった。特定の医師の技量と指導から生まれていた医療機関も、院長や医師が入れ替わる医療法人「○○病院」となった。宗教団体も宗教法人として、資産と組織を継承する組織になった。芸術団体でさえもが、「人は変わっても組織は同じ」フィルハーモニー型が多くなった。近代社会では、企業型の組織が、あらゆる分野に拡まっているのである。

近代の終焉と組織の変革

ところが、いまアメリカや日本などの先進国で進行している知価革命は、産業革命以来の近代社会に根本的な大変革を与えている。現在、急速に増加している知価創造産業は、デザイナーであり、ソフトウェア・プログラマーであり、弁護士であり、会計士であり、設計士であり、エディターである。こういう人にとっては、生産手段とは何なのだろうか。

もちろんデザイナーには製図板が要る。医者には診療室と診療器具が必要だ。弁護士には事務所と書籍が、ソフトウェア・プログラマーにはパソコンが不可欠だ。エディターやプロデューサーにも、電話やファックスのある事務所が要るだろう。だが、いずれの場合にも、個人で買えないほど高価ではないし、運用に多数の専門家が必要なほど複雑で巨大なわけでもない。

何よりも、そうした物財が良ければ良い製品が生まれるわけでもない。最新の高級製図板を備えたからといって良いデザインができるわけではない。自動車メーカーや化学工業会社、鉱業、農業であれば、設備の優秀さや土地資源の有利さなど、物財の良否こそが企業の利益と評価を決める。ところが、デザイナーやプログラマー・弁護士・医師・会計士などの知価創造的産業は、物財によって良否が決定されるわけではない。そういう産業にとっては、物財は主要な生産手段とはなり得ない。ここで決定的な重要性を持つ生産手段は、それに従事する人間の知識と経験と感覚である。つまり知価創造的な産業では、生産手段と労働力が不可分に一体化しているわけである。今、産業革命以来続いてきた生産手段と労働力の分離が逆転しはじめているのである。

生産手段と労働力とを共に持つ専門職が増加し出したことは、社会のあらゆる面に劇的な影響を与えている。例えば、都市と住居の形態が変わり出した。「滅び行く古い街」と思われていた職場と住居の混合地区「下町」が、新しい場所に新しい形態で復活し出した。かつてのそれは、町工場や職人仕事の手工業、小売店舗などの裏側や二階に、家族と少数の住込み従業員が居住するといった形態だったが、最近はデザイナー事務所や写真家のアトリエ、雑誌の編集、手造りのファッション・デザイナーの仕事場などは、小ぎれいな職場とポスト・モダンの家具に飾られた小住居とが一体化している。知価創造的な仕事に従事する人々にとっては二十四時間が常に情報インプット時間であり、創造的制作時間であり、娯楽と社交の時間でもある。生活の中の知識と経験と感覚が生産手段の再生産、再投入の一部なのだから、彼らは情報の渦巻く都心に住みたがるのだ。

近代の都市は、生産手段と労働力の分離という近代社会の特色を反映して、地区的分離の線引きを進めた。生産手段のある工業地帯や商業地区と、労働力の再生産のための生活・就眠の場としての住宅地帯とを隔離して、その間を鉄道や道路で結ぶのが理想だと考えられていた。だが今は、むしろ職住混在が求められ出している。住宅が上階にあって下が店舗、劇場も美術館もすぐ近くというのが増え出したし、住居の一部が事務所やアトリエになっているスタディオ型マンションも現れている。つまり、「知価革命」によって地域社会という組織が変わり出したのだ。

家族の形態も激変している。近代的な家族の典型は、生産手段を持たない労働者にふさわしく、通勤する夫と、それと同じような将来を生きるであろう子供たちを育てる妻とによって構成される核家庭だった。通勤して労働力を提供するのに役立たない年老いた親たちは、産業社会での「御用済み」として隔離され、過去の貯蓄と社会の年金でひっそりと生きるべきだと考えられていた。

しかし、知価社会での家族は、もっと個人的だ。ここではまず働く者の持つ生産手段、知識と経験と感覚を日々再生する刺激が求められる。それには子供の養育は必ずしも必要ではない。不婚または離婚が増え、夫婦共働きが一般化する。中世の子供たちは、両親から生産手段を引き継ぎ、家庭でそれぞれの職業を継ぐ教育を受けた。近代の子供たちは、親から生産手段を継ぐことも職業教育を受けることもなくなったが、「自由なる労働者」としての生活慣習を見習うことはできた。家庭という場で消費生活を共にする意義はあったのである。

しかし、これからの知価社会では、それぞれの職業によって生活慣習も異なるため、子が親からそれを習うことさえできない。子供は子供で、また新しい知識と経験と感覚を自らの好みに合わせて身につけ、それに適した職業を選ぶことになるだろう。家族という共同体の組織原理も、大きく変わりつつあるのだ。

そういう生産手段と労働力を一体として所有している専門的な職業では、生産組織は人間にまつわりつく属人性を備えて来る。これからの知価社会では、企業組織（生産組織）もまた、抜本的に変わらざるを得ないだろう。

ジャズバンド型の未来組織

非属人的機能別組織が広く存在したのは、古代と近代の特色である。この二つの時代の共通点は、物質文明が栄えた点であり、事物を客観的に観察する写実美術と「科学する心」が盛んだったことである。機能別に細分化された非属人的な組織が確立されたのも、これが事物を客観的に取扱い、物財の生産量を拡大するのに適しているからである。

ところが、今、先進諸国では、物財の量を増大する客観性よりも、人間の満足感を充実する主観性を重視するようになって来た。従って、企業にとっても規格大量生産によって物財の生産量を拡大するよりも、ブランド・イメージの向上やデザイン性による美的感覚の満足、専用化と継続性との両立による消費者選択の拡大（いわゆるコンセプトの多様化）などの知価創造力が大切になりつつある。

当然、これからの企業組織は、それに適応した組織原理を備えなければならない。そしてそのような組織とは、ある程度属人的にならざるを得ない。

何事にも、規格化標準化による効率性を追求した近代においては、建築設計や法務会計の分野でも、何百人もの建築士や弁護士、会計士を抱える大組織が出現した。日建設計は世界一の規模を誇り、安定した品質のある設計を提供する点では定評がある。アメリカ最大のＳＯＭでは、建築を部分ごとに分けて設計、新聞紙面の編集のようにとりまとめる。こうした大組織では、高度の技術と効率的な作業によって平均的なサービスができるが、個性的な創造はやり難い。

組織構造の違い

フィルハーモニー型
（従来型組織）

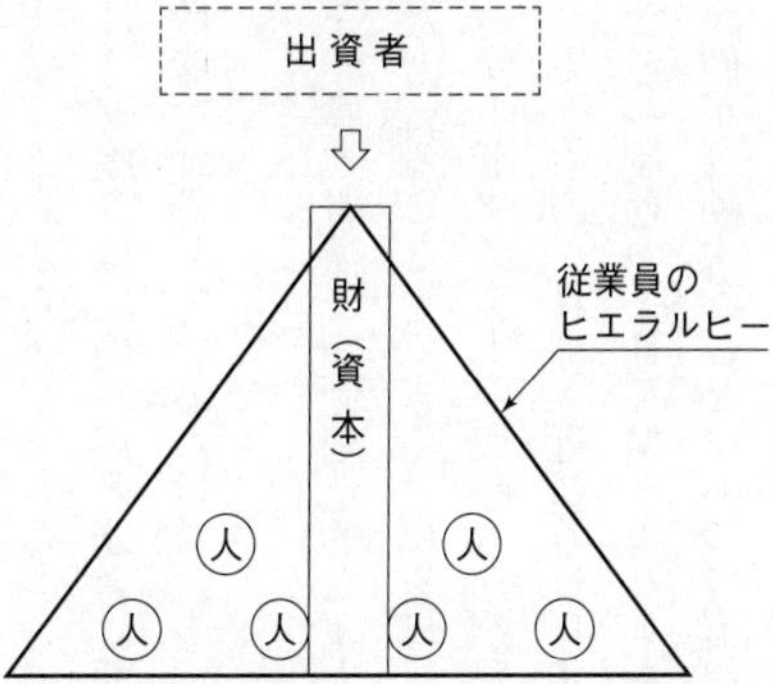

ジャズバンド型
（知価創造組織）

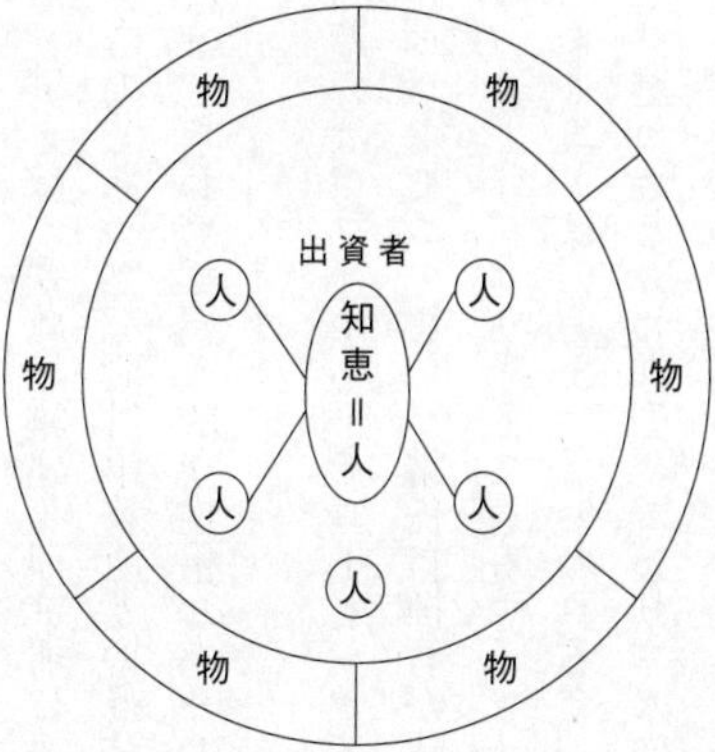

（出資者が知恵の持ち主と同一の場合も多い）

デザインにしろ設計にしろ、法務や編集にしろ、個性的な創造によって消費者（発注者）が主観的満足を得るためには、気に入ったデザイナーやエディターを選ばなければならない。そしてその場合、消費者が念頭に置いているのは、そのデザイナーやエディター個人の名声と実績、それから予想される「作品」である。例えば、安藤忠雄建築研究所に設計を頼む人は、安藤忠雄氏の名声と能力に期待しているのであって、設計事務所という法人の機材や機能を評価しているわけではない。そこには、きわめて属人的な性格があるわけである。

近代的な非属人組織と知価創造的な属人組織との違いは、フィルハーモニーとジャズバンドとにたとえることもできる。例えばＮＨＫフィルハーモニーなら、常任指揮者が代わろうがコンサートマスターが代わろうが、ＮＨＫフィルハーモニーとして存在する。人が入れ代わって上手になれば「近ごろＮＨＫフィルハーモニーはいいよ」といわれるし、下手になったら「最近のＮＨＫフィルハーモニーは駄目だね」といわれる。つまり、人の入れ替えで評価が変動することがあっても組織は継続しているわけである。

ところが、「誰それとそのクインテット」というジャズバンドは、何某がいればこそのクインテットであり、何某がいなくなれば、バンド自体の本質が変わってしまう。仮に同名のバンドが続いたとしても、まったく別物か、何某時代を再現する保存機関に過ぎない。

知価創造的な産業組織は、そんなジャズバンド型なのである。

「先端」の拡大と影響

知価革命は、一九八〇年頃から欧米や日本などで拡がった現象であり、まだごく初期の段階にある。従って、アメリカや日本のような先進国でも、知価創造的な産業の生産高と就業者数はそれほど多くはない。恐らく二十一世紀の初頭においても、近代的な大量生産型の生産とその流通管理にたずさわる人々の数は、知価創造型のそれをはるかに上回っているだろう。組織の主流も近代的な物財中核の形態であろう。その点では、産業革命初期において、近代的な工場制工業に従事する人々の数よりも、中世以来の農業や手工業にたずさわる人々の数がはるかに多かったのと同じである。

しかし、ここで重要なのは、これからの社会において、知価の創造が経済の成長と企業利益の主要な源泉になる、ということだ。このことは、社会全般に、属人型組織の気質を拡げずにはおかない。また同時に、物財中核の既成の組織も、知価創造的な属人型組織との接触を深めざるを得ない。鉄鋼会社も自動車メーカーも鉄道も農業も、デザイナーやソフトウェア・プログラマーと関わりを持つだろう。「先端」の拡大は、社会の全般に影響し、一見頑強に見える既成の大組織をも確実に変革するはずである。

(2) 情報技術の変化

地位が人をつくる理由

組織が巨大化し、機能別に整理されていくと、地位と権限によるヒエラルヒーができる。非属人的な近代組織は、目的達成のために必要な機能別階層別のポストをあらかじめ用意し、それぞれの組織の基準に従って適切と思われる人材を、各ポストに充当している。属人性の強かった近代以前の組織では、適材が現れてからポストが作られることが多かったのとは対照的である。つまり、近代組織は、その形成ばかりではなく、内部構造と人事政策においても非属人的なのだ。

近代組織のこの仕組みは、常に必要とされる機能を果たす人物が存在するという点では安定性があるが、その一方では、必ずしも適切とはいえない人物によってでもポストを埋めなければならないという難点をも備えている。現在の巨大組織、政府官僚機構や大企業の幹部が持つ絶大な権限を考えると、これは実に恐ろしいことだ。

実際、不適材が不適所を占めたために、関係分野に多大の損失を与えた例は多い。第四章で述べた旧日本海軍の場合など、海軍兵学校卒業年次にこだわって遠方にいた病人を連合艦隊司令長官に任命したばかりに、何千人もの将兵が戦死する損害を受けてしまった。最近も、伝統ある商事会社で不適任な人物が社長になり、不適当な不動産投機家を常務に任命して大権限を与えたばかりに合併・消滅した例がある。

しかし、現実の世の中では、これほどあからさまな結果がでることはごく少ない。むしろ逆に、「地位が人をつくる」という言葉通り、就任当初は「あんな頼りない人に部長が務まるのだろうか」といわれていても、一年二年と経つうちにそれらしくなってくる方が普通である。

何故に「地位が人をつくる」のか。それには本人の自覚や修練、周囲の補助補完によるところもあるが、何よりも重要なのは地位が情報環境を決定することである。

近代組織においては、組織内の情報は、地位の順に上下に移動する。命令はトップから下位に伝達されるし、現場の報告や意見具申は下位から順に昇ってトップに上達される。その過程で中間管理職が命令を具体化詳細化するし、報告や具申は取捨選択して要約する。従って、トップは広く浅く知り、下部は狭く深く知る形になる。何人かの係長が一人の課長に報告し、何人かの課長が一人の部長に報告する。それがまた、何人かの部長から一人の重役に伝わり、何人かの重役から一人の社長に上げられるといった具合である。上位者の命令は、この逆の順序を通って下位に伝達される。

つまり、社長は、下位から上がって来る情報の選抜要約された結果を知っているのであり、その分野に関する限り社長の知っていることは、必ず担当部長は知っているはずである。上位者の特権は下の者よりも広い分野について情報を得ていることであり、下位者の優位は担当分野に限ってより詳しく知っていることである。近代組織は、この上下の情報の量と質のバランスによって保たれているのだ。

組織を保った対面情報

ところで、ここで重要なのは、この組織内の情報流通が、主として対面情報交換によって行われていたことだ。つまり人間同士が顔を見合わせて会議なり指示報告なりを行うことで、大部分の情報が伝達されていたのである。もちろん、電報や文書による命令下達や報告具申もあったが、遠隔地での緊張を要する作業作戦以外は、事前に対面情報交換が行われ、最終的な伝達形式だけを電報や文章にするのがほとんどだった。会議の際に資料を積んだり映像を見せたりすることも多いが、所詮は補助手段であり、主体はあくまでも対面情報である。電話による会話も音声の表情と雰囲気を含んでいる点では「顔の見えない対面情報交換」であることはいうまでもない。

われわれは、組織に属するとまず対面情報の技術を習得する。この人にはこういう言い方をした方が良い、こういうときには黙っていることが得策だ、彼は黙っていたが、肚の中では反対だったと見て取る、顔で笑って肚（心）で泣く等々、言葉と表情と雰囲気によって、様々な情報を伝える技術を身に付ける。それは人間が「家族」という最小単位の共同体組織に加わった誕生の瞬間からはじまる人生の修練であり、生きる智恵でもある。いや、犬猫家畜の類まで、主人の顔色を見る技術を憶えるものだ。

近代の学校教育もまた、この点では大きな役割を果たした。ここで子供たちは絶対的権威としての教師と、形式的にはまったく平等な多数の同級生に交わる技術を憶え、世故に長けるのである。かつては、子供たちは年齢と経験に差のある人々との情報交換技術を家庭と地域社会で学び、同等者とのそれを学校で学んだ。ところが最近の日本では、地域コミュニティの崩壊と少子化の結果、前者の機会が失われ、専ら学校や学習塾で、絶対的権威と形式的同等者との情報交換だけを習得する形になっている。これが一部の社会学者や心理学者が将来の日本人について危惧する理由にもなっている。

しかし、官庁や大企業のような巨大組織で確立された仕組みの歯車としてのみ働くのなら、これも決して悪くはない。上位者には絶対服従し、同等者には巧みに話を合わす技術だけを習得している人間ほど使い易いものはないからである。

ここでの問題は、個性的な独創性や新規の事業に取組む冒険心、あるいは既成の仕組みを疑う改革の精神が乏しくなることだろう。

つまり、現在の日本の社会と学校教育が作り出している典型的な青少年は、独創と変革のない世の中で規格大量生産に従事するのには適しているわけだ。

機械情報の出現と影響

今、組織が直面している変革の波は、外部環境の変化（知価革命）だけではない。より直接的な問題は、コンピュータの発達で情報技術が変わり出したことだ。コンピュータによる情報交流には、これまでの対面情報交換とは異なる三つの特色がある。それを機械語・機械速度・機械網と要約することができる。

つまり、コンピュータ・ネットワーク（機械網）のあるところなら、どこにでも同時に（機械速度）情報が伝わる。例えば、係長の入れた情報が、重役室で自動的に引き出される。そうすると、課長、部長が知らないうちに重役に下からの情報が入ることも大いにあり得るわけだ。しかもこれは二進法の機械語で行われるから、イエスかノーかしかない。肚（心）で泣いてコンピュータに打ち込んでも、重役室に出るときには「ＹＥＳ」の画面でしかない。機械情報は対面情報と技術の質がまったく違うし、伝達経路も異なっている。

こんな情報手段が一般化するとなれば、組織にとっても非常に大きな変化が生じるだろう。

これまでコンピュータなどによる情報伝達は、主として情報量と伝達速度の問題として議論されて来た。情報伝達の変化が量と速度の範囲にとどまるならば、組織原理を侵すには至らない。しかし、本当に重大な問題は、これが情報の質と経路を変え、有用な情報技術を根本的に変える点にある。機械網のすべてで情報が抽出できるとなれば、上位者ほど広く、下位者ほど深く情報を知る、という現在の組織原理は通用しなくなってしまうからである。

これまでの組織では、部長は課長よりも広く浅く知っていた。従って、常に上位者には「伝家の宝刀」があった。部長は部下の課長に対して、

「きみはそう言うが、全体から見るときみの意見は呑めない」

「きみの課ではそうだろうが、よその課のことを考えると、ぼくの判断が正しい」

と言えた。相手は部全体の情報を持っていないはずだからである。ところが、機械情報になると、課長の方が、

「いや、この部に関する情報は、全部、私も見てみました」

と反論された場合、これを否定する正当な根拠がなくなってしまう。もちろん、上位者に自動的にすべての情報が集まることもなくなるだろう。下位者はコンピュータに投入す

ることによって報告義務を果たしたといえるから、上位者は注意深く収集しなければ、飛ばされる可能性がある。これまでのように、単純にその地位にあるだけで、情報が集まるわけではなくなり、「地位が人をつくる」とは限らなくなるわけである。

有用性が権威をつくる

情報伝達の技術と経路の変化は、組織そのものにとって深刻な問題であるばかりでなく、組織に属する個人にとっても重要な問題である。現在の中高年が積み上げてきた対面情報技術の有用性が下がり、中高年中間管理職には不得手な人の多い機械情報の比重が高まるとすれば、組織における権威と権限にも大きく影響するからだ。組織における個人の権威は、究極的には当人の持っている技術、知識、ノウハウおよび伝説の有用性によって決定する。特に機能組織においてはそうだし、そうであるべきだろう。

このことは、家庭という共同体組織の中でさえも、「嫁と姑」という形で現実のものとなっている。かつては「姑の嫁いじめ」が多かった。姑のほうが権威が高く権限も大きかったからこそ、それができたのである。ところが今や、嫁のほうが圧倒的に強く、「嫁の姑いじめ」が問題化している。嫁が姑を追放、または息子を連れて出ていくのが普通だ。今では嫁をいじめるぐらい元気のある姑は、橋田壽賀子さんのテレビドラマの中にしか存

情報の流れの変化

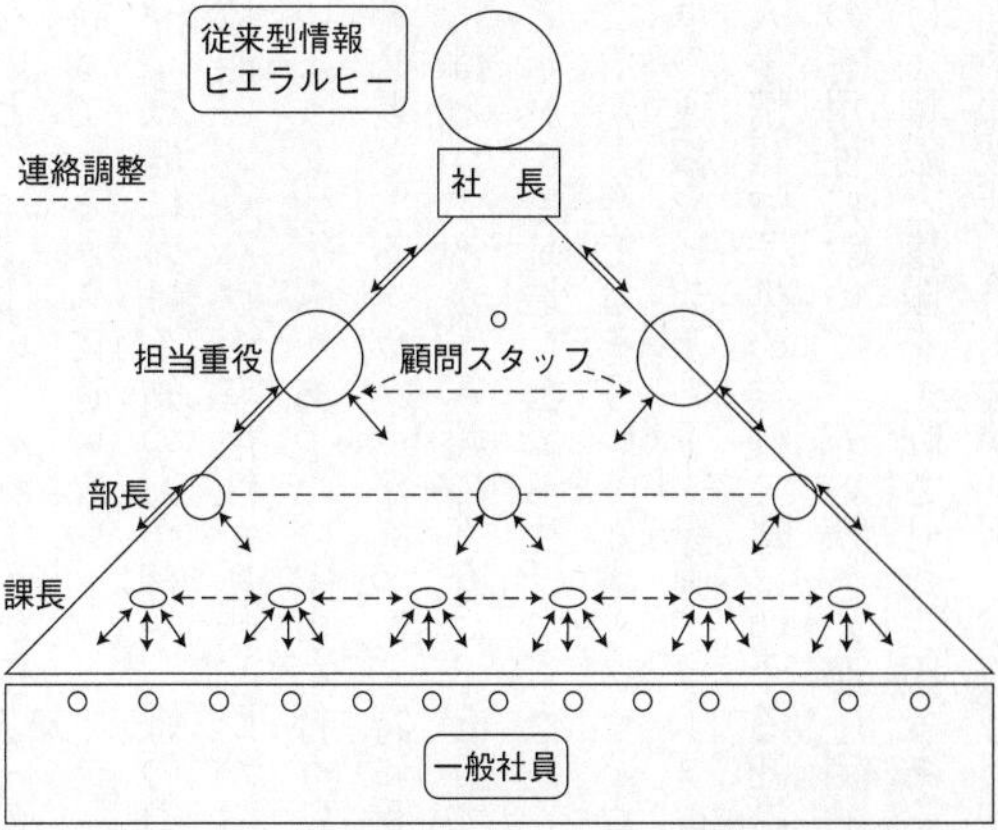

情報は下から上に、命令は上から下に、段階を追って伝わる

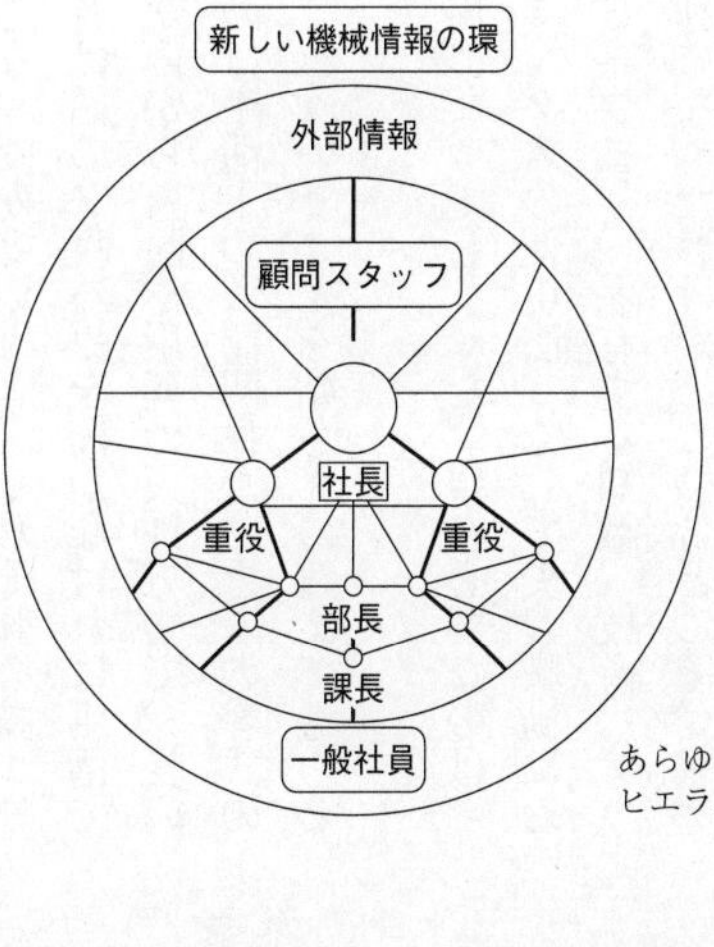

あらゆる部署に情報は流れ
ヒエラルヒーはなくなる

在しないといってよい。それでも橋田さんのテレビドラマが流行るのは、チャンネル権を嫁が持っているからに違いない。

なぜ、家庭における姑の力が落ち、嫁の力が強くなったかというと、それぞれの持つ知識や技能、ノウハウの有用性が逆転したからだ。昔は姑のノウハウを聞かなければ生活できないような仕組みがあった。家事を行うにも、炊飯から掃除や炬燵の入れ方まで、長い経験を必要とするノウハウがあった。特に重要なのは生活上の人間関係だ。近所の葬式のときにはどうするか、親類の寄合にはどうするか。そういうことを姑さんに教えてもらわないと家庭でも地域社会でも生活できなかった。

ところが、今ではそういう知識やノウハウは無用になってしまった。現在必要なのは、自動車の運転やビデオの予約録画、ワープロやファックスの使用法、そして夫の職場における人事情報や子供の学校・塾に関する知識である、つまり、保有する知識、技術、ノウハウの有用性において、若い嫁さんが圧倒的に有利になったわけだ。このことこそ、家庭における権威と権限を逆転させた主因である。

対面情報技術の有用性が低下し、機械情報技術の重要性が増すと、同じことが職場でも起こるだろう。そしてそれは、中高年の権威の低下につながり、年功序列型の組織原理を崩すことにもなるに違いない。

今日の日本の組織では、フェース・ツー・フェースの情報交換が重んじられ、そのための交際費や旅費・交通費が膨大に支出されている。情報自体の有用性よりも、雰囲気としての情報感覚が重要な根廻し社会、つまり集団意思決定方式が採られているからだ。だがそれは、機械情報の普及とは相矛盾する体質であり気質である。

機械情報の発達と普及は、近代組織のヒエラルヒーを危機に陥れる性格を備えている。これからはヒエラルヒーよりもネットワーク型の、固定されたポストよりもアドホック的な部署の組織が増加するに違いない。これもまた組織の属人化につながる問題である。

(3)　高齢化社会と人事圧力シンドローム

急激な人口高齢化

「知価革命」、機械情報化と共に、日本の組織に変革を強要する第三の環境変化は、人口の高齢化である。

周知のように一九六〇年頃から日本の出生率は激減、九〇年代に入ると、女性一人が生涯に出産する子供の数を示す合計特殊出生率が一・五台に低下してしまった。敗戦直後のベビー・ブーム、「団塊の世代」が生まれた頂点だった一九四九年には、約二七〇万人もの子供が生まれたのに、一九九一年には一二三万人、半分以下になっているのである。

幸いにも今のところは、「団塊の世代」の子供たち、いわゆる「団塊ジュニア」が高校・大学を卒業して社会に出る時期なので、新規労働力の供給も少なくないが、一九九〇年代中頃にはそれも終わり、その後は新規労働力の供給数は急速に減少する。二〇一〇年の高校卒業年齢者（満十八歳）は、一二〇万人、一九九一年よりも八四万人も少ない。

一方、日本人の平均寿命は男女平均して一九五〇年には六十一・三歳だったが、九一年には七十九・一歳になった。四十一年間に十七・八歳も延びたわけだ。このため、日本の人口構造は劇的に高齢化している。人類は歴史のほとんどの期間、十五歳未満の子供四人に対して六十五歳以上の高齢者一人の割合で生きて来たという。この比率は、一九五〇年代までは日本でもほぼ保たれていたが、九二年には子供と高齢者がほぼ同数、一九九七年には高齢者の方が多くなるという。日本は、未踏の高齢化社会に急速に突入しつつあるのだ。

日本社会全体としても、急増する高齢者対策が重大な問題となることは確かだが、これを官庁や企業などの組織として見ると、さらに大きな変化が現れて来る。

一九五〇年には、十五歳の男性の五十五歳における生存数は、誕生数十万人につき一万九〇〇〇人近くも減少している。この数字は、定年（五十五歳）を待たずして、世を去る人がかなり多かったことを示している。しかも、かつての日本では、農業や小売店は「家業」として兄弟や息子に引き継がれたため、定年前死亡による人口の先細りは、大部分が企業等の組織における高齢従業者の減少となった。つまり、日本には従業員の年齢構成が上小下大のピラミッド型になる自然条件があったのである。戦前にいわれた「出稼ぎ型労働理論」も、こうした現実から出たものである。

ところが一九九一年には同じく十五歳の男性が五十五歳における生存数十万当たり六七〇〇余りしか減っていない。つまり、定年を六十歳としても、それまでに死亡する人はごく少ない。また、会社を辞めて農業や小売業のあとを継ぐ人も僅かで、後継者がいなくなるのは、農業や小売店の方である。つまり、企業従業員の年齢構成は、人口構造をそのまま反映した「上大下小」の逆ピラミッド型になるようになってしまった。

もう一つ、日本の組織にとって重大なことは、長く日本の企業経営を支えて来た「限界的労働供給」、つまり農村からの季節出稼ぎや女性などの短期間就職等が期待できなくなっていることだ。日本の農業は政府の手厚い保護を受けてはいるが、「政治は経済ほど信用されない」の諺通り、若者たちは農業に入りたがらない。一九九〇年代に入ってからは、学校新卒者で農業に就業する者の数は年間二〇〇〇人以下、プロ・スポーツの選手よりもずっと少ない。このため農業就労者の高齢化は著しく、中核的従事者の平均年齢は五十五歳にもなっている。これでは、農村からの季節出稼ぎ労働がなくなるのも当然だろう。

一方、女性は結婚または出産までの若年短期間労働者と見られて来た。若い女性が提供する低賃金労働は、戦後の年功賃金体系を有利にする役割を果たした。一九六〇年代からの経済成長においては、女性の短期間就職の増加が大きく貢献している。

しかし、一九八〇年代後半になると、日本の労働化率は五〇パーセントを超え、欧米諸国を上回るようになった。女性が結婚・出産後も企業組織に就業し続けるのが多くなったためだ。かつてのように、若年期の低賃金期間だけを使うわけにはいかなくなっているのである。

崩れ出した「三重のヒエラルヒー」

日本の企業組織は、三重のヒエラルヒーで支えられていた。第一は、官庁や大企業の正規職員によるヒエラルヒー、いわば中核的ヒエラルヒーだ。ここでは終身雇用・年功賃金の閉鎖的労使慣行が確立し、高学歴・高齢者ほど高地位高賃金が約束されていた。

その外周には、これを支える下請中小企業のヒエラルヒーがあり、ここでの閉鎖的労使慣行はより緩やかであった。この部分は、全般的に中核的ヒエラルヒーよりも低賃金であり、残業やボーナスの増減も激しいが、経営者との人間的結合や地域社会との繋がりなどによって労使関係が維持されていた。加えてここでは、季節労働者やパートタイマーなどの副次的労働力を巧みに運用、景気変動や技術革新のバッファー的役割を果たしていた。

そしてその外側にはもう一つ、限界的な労働力供給があった。農村からの季節出稼ぎや結婚前の若い女性、主婦のパートタイマーなど、必ずしも労働力の再生産に見合わない賃金で、短期間雇用できる柔軟な部分である。この部分の人々は、企業の意思決定にも、交際費支出にも、およそ関係がない。日本の企業組織が、閉鎖的労使慣行と先行投資型財務体質と集団的意思決定方式を特色とする「日本的経営」を行い得たのは、実は、そのいずれにも関わることのない外周部があったお陰で、中核的ヒエラルヒーが揺らぐことがなかったからである。ところが、今、この一九九〇年代には、この三重のヒエラルヒーが同時に崩れ出している。

官庁や大企業のヒエラルヒーは、従業員年齢構成の高齢化によって逆ピラミッド化しつつある。その外周を形成する下請中小企業の部分は、労働力不足と賃金の上昇、労働時間の短縮に苦しんでいる。特に問題なのは、中小企業の経営者を補佐する中心的従業員の欠如だ。かつては、能力人格共に優れていても家庭の貧困によって大学進学を諦めた人々が、中小企業の技術や経理、営業を担当して腕を振るったものだが、今はそんな人材はほとんどいない。このため、中小企業の経営は、経営者二世の肩にのみのしかかり、その重圧に耐えかねる二世たちも現れている。農業や個人商店だけではなく、中小の製造業や流通業にも後継者難と労働力不足による廃業ラッシュが起こりかねない状況である。

最も外側の「限界部分」は、それ以上の危機に直面している。農村からの季節出稼ぎや女性の短期間就職はもうすぐなくなってしまうだろう。青年人口の急減で、学生アルバイトも少なくなる。少産時代の学生たちは、豊かな親に保護されアルバイトの必要も意欲もなくなりつつある。このことは、限界的労働力の適宜な運用によって経営を保って来た下請中小企業のヒエラルヒーを直撃するだけではなく、大企業などの中核的ヒエラルヒーにも少なからぬ影響を与えるだろう。

八〇年代後半には、限界的部分の労働力に代わるものとして外国人労働者が登場した。恐らく今後もその数は増加し、限界的役割を果たすに違いない。しかし、これは従来の限界部分（季節出稼ぎや女性の短期間就職）とは本質的に異なっている。日本人の季節出稼ぎや若い女性は、日本的倫理観の中に生きる人々だったのに対して、外国人労働者は、それぞれの母国の倫理観と美意識を持って来る。従って、形態的には似ていても気質的にはまったく違う。そうした人々の導入は、組織全体の気質をも変えずにはおかないだろう。

「人圧シンドローム」の危機

一九七五年、まだ「高齢化」という言葉もできていなかった頃に、私は小説『団塊の世代』（『堺屋太一著作集』第一巻所収）を書いて日本の人口高齢化の危機を警告した。この小説は、一九八〇年から二〇〇〇年までの二十年間を、ほぼ五年ごとのエピソードで描く予測小説（近未来小説）だが、その中の一つ、一九九四～九五年を舞台とした「ミドル・バーゲンセール」は、今日の情況によく合っている。日本経済の成長力の低下と新規事業の減少で、過剰となった中間管理職が「バーゲンセール」のように相互出向し、これまでの顔とコネとで営業の最前線に送られるという筋書きである。日本経済の成長率が二・五パーセントというのも、キャリア・ウーマンの活躍も、土地投資の負担が企業経営を圧迫しているというのも、現実と一致しているといえそうだ。

ここでは中年化した「団塊の世代」（私が小説を書いた時には二十代後半の〝ニューファミリー〟だった）を主人公に描かれているが、これを組織（企業）の側から見れば、また違った様相が表れる。彼ら数多い中年層中間管理職は、高度成長期に過剰採用した「人事投機」の滞貨といえなくもない。

もちろん、土地投機の失敗で企業経営が圧迫されたとしても土地には責任がないのと同様、かつての「人事投機」が今日の企業経営には重荷になっているとしても、採用された人々自身の責任ではない。彼らは当時の経営者や人事担当者の見通しの甘さの「被害者」ではあっても、「加害者」ではない。問題は、この「被害者」が組織の意思決定に直接または雰囲気的に参加することで、新たな「加害者」となる可能性があることだ。第一章の豊臣家の例で述べた「人事圧力シンドローム」を生み出すからである。

高度成長を前提として「人事投機」を続けて来た日本の企業には、成長を促す「先行投資型財務体質」と共に、成長を当然の正義と考え、規模の拡大と事業の多様化を追求する成長気質が深く根付いている。これにしかるべき地位と権限を求める過剰な中年層の要望が加わった時、組織全体が「何かをしなければならない」という焦燥感にとりつかれる。

幸いこれまでは、輸出の拡大と国内流通へのコスト転嫁によって、多くの地位と給与が生み出せた。膨大な数の中年層が輸出と流通関係の情報部門や営業担当にはめ込まれたものだ。また八〇年代後半には、不動産や財テクなどの新規開発事業でも、かなりのポストが生まれた。しかし、今やそれも限界に達している。いやむしろ、これからは縮小を余儀なくされるだろう。

そうなれば、組織（企業）の内部には、地位と権限の創造のために何らかの新規事業をはじめようという意識が生まれて来る。もちろん、今後も有望有益な新規事業はあるだろうが、人口の高齢化と技術の成熟化が進む中では、より慎重な検討が必要である。「何かをしなければ」「過剰な人材がいるから」という人事的な圧力によって新規事業をはじめることは、非常に危険だ。公平厳格に検討したつもりでも、判断には内心の人事問題に影響されている場合が少なくないからである。もし社内に人事圧力が存在するときは、新規事業や多角化にはより一層慎重でなければならない。

　優秀な成績で入社し、長く経験を積んだ社員を、権限の乏しい曖昧な地位に置くのは心苦しいことだ。しかし、それを避けるために収益性のない事業を拡大することは、より大きな被害をより多くの社員と株主に与えることになりかねない。

　人事の基本は、管理する対象のない管理職を作らないことであり、ビジネスの要諦は省事にある。大阪の古い商家では、朝食のつけ物は必ず三切れつけた。江戸の武士は「三切れ」は「身斬れ」に通じて不吉としたが、大阪の商人は「商売には見切りが大切」という教訓のために、そうしたのである。二十年前の「人事投機」にも「見切り」が大切な時期が来ているのである。

純粋消費者の出現

　人口構造の高齢化は、もう一つ、別の面から日本の社会環境を変化させ、企業経営を揺さぶるだろう。それは「純粋消費者」が大量に出現し、政治的勢力としても社会的雰囲気としても無視できない存在になることである。

人間は、一方では生産者だが、他方では消費者だ。家族という共同体を単位として見れば大抵はこの両面を持っている。従って、国民のほとんどは、消費者として幸せでありたい（豊かで便利で選択の自由に富んだ生活をしたい）と願うと同時に、生産者としても恵まれた状態（安定した職場で円満な人間関係に包まれて高い給与と強い権限を持ちたい）を求めるものだ。

これまでの日本では、大半の国民は後者の意欲の方が強かった。例えば一九八六年の「円高」の際には、これによって輸入品が安価になり海外旅行が楽しくなるという消費者としての幸せを喜んだ人はごく少なかった。圧倒的多数の日本人は、「円高」によって輸出産業の蒙る打撃と、その波及による日本経済全般の低迷を恐れて青くなったものだ。歴史のほとんどの期間を通じて「ヒト余りモノ不足」だった日本では、稲作共同体としての農業村落社会や企業組織などの生産者集団からはみ出すことを恐れる心理が根付いていたからであろう。このことが、特に戦後においては、政府の供給者（生産者）優先政策に対する支持となり、成長重視の日本的企業経営への支援ともなっていたのである。

ところが、定年を過ぎた高齢者の多くは、個人的な貯金と社会的な年金等を通じて過去の貯えで生きる人々である。彼らが子供たちと分かれて別個に家族を形成するとすれば、純粋に消費者としての側面だけを持つ階層ができ上がる。そんな人々は、将来の経済成長よりも今日の生活の楽しさを要求するのは当然だ。高価な流通機構を温存して企業を保護するよりも、国際競争によって安価で多様な商品が販売されることを期待するだろう。高率課税で公共事業を進めるよりも、減税と年金の引上げを望むだろう。企業の先行投資を促す低金利政策よりも、利子収入を増加させる高金利政策を歓迎するだろう。

生産者としての立場を優先する日本では、これまで金利の引下げにはほとんど抵抗がなかったが、一九九二年夏から不況対策として採られた金利引下げ政策には、高齢者層からの激しい抵抗が起こった。今後、高齢者の比重が増えると、この傾向はますます強くなるだろう。

困難になるコストの価格転嫁

このことは、単に政府が生産者優先の官僚主導型体制から消費者第一に、「生産大国」の追求から「生活大国」志向に変化しなければならない、というだけのことではない。各企業にとって、コストの上昇を価格に転嫁することが難しくなること、つまり「コスト＋適正利潤＝適正価格」の発想が通用しなくなることを意味している。

前述のように、戦後の日本では、官僚の主導による業界協調体制によって、「コスト＋適正利潤＝適正価格」という考え方が押し通って来た。その背景にあったのは、「企業が倒産して従業員が解雇されるようなことがあれば大変だ」という生産者保護・雇用確保第一の発想である。

そしてそれは、「人々は現在の職業で生涯生活できなければ困る」という労働力囲い込み政策にも繋がっていた。農林水産省は米を作る農民は生涯米作りができるように、米価を保証し輸入を規制して来た。通産省は小売店主が生涯小売店を続けられるように、大規模小売店舗の出店規制をして来た。国連の決議に反対して象牙やべっ甲の輸入を続けようというのも、象牙べっ甲加工業を営む人々を生涯その産業に囲い込む発想からである。

しかし、純粋な消費者となった高齢者にとっては、企業の保護や職業別労働力の囲い込みよりも、現在只今の生活の豊かさと便利さと選択の自由が大切である。企業のコストが上昇したという理由だけで価格が吊り上げられるのは迷惑至極、ましてや米作農民や零細小売店の保全のために不便と高価格を強いられることには反対するだろう。要するに、高齢者の増加は、社会全体を生産者優先から消費者第一に、未来志向から現在重視に変えるのである。

これからは日本でも、コストの上昇を価格に転嫁することは難しくなる。従って、企業はコスト引下げ努力がますます重要になる。このことは、最大のコスト要因である人件費の切り詰めが迫られることを意味している。それは当然、人員の数だけではなく単価にも及ぶ。中高年の増加に伴って人件費の上昇は当然などと呑気なことはいっておれない。より安価で効率的な人材に入れ替えることも考えなければならない。これもまた、高度成長と官僚主導体制とに過剰適応した日本の企業組織にとっては重大な危機といわざるを得ない。

第六章　これからの組織

――変革への五つのキーワード

戦後型組織の終わり

一九八九年十一月、「ベルリンの壁」が破られたことで、社会主義陣営は崩壊、冷戦は終焉した。これによって、長かった「戦後」という時代もまた終わった。このことは、「戦後型組織」の時代が過ぎ去ったことをも意味している。

世界の冷戦構造と社会の工業化に特色づけられた戦後には、これに対応した数々の組織が発達した。核戦略に適応した米ソの軍事組織もその一つだし、それを支えた欧米の軍需産業やソ連の諜報機関もその一つだ。これらの機関の特色は、先端技術を重視し、経済性を軽視して来たことだ。欧米の軍需産業の民需転換には、この発想を逆転しなければならないという困難な問題がつきまとっている。

東西いずれかの陣営から軍事経済援助と政治宣伝支持を得て来た発展途上国の独裁政権も、冷戦が生んだ戦後型組織の一つといえる。東側陣営の支援を得ていた東欧やアフリカの社会主義独裁政権が次々に倒れたのも、環境変化への不適合のためだろう。

日本の政界もまた、世界の冷戦構造を矮小化した構造を持っていた。ここでは「自由社会を守る」ことを党是とした自由民主党と、「社会主義革命を目指す」という綱領を掲げた日本社会党などが、形式的な議論と選挙運動を繰り返すことで、閉鎖的な「政治業界」

を形成していた。冷戦構造の終焉と共に、日本の政党が思想の欠如と組織的な欠陥を露呈したのも不思議ではない。

しかし、われわれにとって最大の問題は、日本の官僚機構と企業組織もまた、「戦後型」にできており、戦後の終焉と共に大変革を迫られている、という事実だろう。日本の官僚機構は、世界の冷戦構造を最大限に利用して外国からの批判をかわし、業種別縦割り型の生産者優先行政を強化して来た。つまり、昭和十六年以来の国内システムを堅持して、その国際化を拒否し続けていたのである。外国（特にアメリカ）からは、しばしばこの仕組みの孤立性と排他性を指摘されたが、冷戦構造の中では日本を敵に回すこともできず、結局は実効の少ない形式改革で妥協した。日本が「経済大国」となったあとも、各官庁が「護送船団方式」の生産者保護行政を維持できた条件の一つは、東西対立冷戦構造だった。

日本の企業組織は、こうした世界構造とそれが生んだ官僚主導体制を前提として、規格大量生産の確立と中期的安定を志向する産業社会の体質と気質を作り上げた。終身雇用・年功賃金を核とする「閉鎖的労使慣行」と、労働分配率と株式配当を低く抑えて内部留保を厚くする「先行投資型財務体質」と、権限を分散して雰囲気で意思決定を行う根廻し主義の「集団的意思決定方式」との三つを特色とする日本的経営がそれである。

一九八七年頃からはじまった「バブル景気」は、こうした日本的経営が生み出した究極的な虚像だった。官僚主導の下で、円高差益を社内利益に取り込み、猛烈な先行投資志向で土地や株式を買収し、新株やワラント債の発行で低金利資金を集めて膨大な設備投資を行った。そしてそこには、高値をいとわぬ企業の交際費や旅費宣伝費の支出を前提とした需要の伸びも期待されていたし、「みんながやっているから安心だ」という集団主義的発想もあった。日本経済は無限に成長し、土地と株は必ず値上がりし、個人消費は確実に増え、コストは必ず価格に転嫁できるはずだった。だが、今やこれらすべての「はず」が怪しくなっているのである。

(1) 経営環境の大変化

循環から革質へ

今、日本経済は深刻な不況に見舞われている。それを端的に表しているのは、株や土地の値下がりと取引高の激減、企業利益の減少、消費需要の低迷の三つである。このことは、今回の不況がこれまでの景気循環的な調整とは別種のものであることを示している。

戦後四十五年の間は、一貫して高度成長を続けて来た日本経済にも、「不況」といわれた時期は何度もあった。そしてその都度、「高度成長は終わった」「日本経済の転換期だ」と叫ばれたものだ。しかし、景気は間もなく回復、全体として見れば日本経済の高度成長は続いた。発展業種の交替や成長要因の変化などはあったが、戦後の日本の特色である官僚主導型業界協調体制と日本的経営とは強化される方向に進んでいた。つまり、日本経済の「戦後」は続いたのである。

　これまでの「不況」は、その原因が単純かつ明確だった。一九五〇年代、六〇年代の「不況」ないし景気調整の主因は、「外貨の天井」だった。資源が乏しく設備が不十分だった日本で、経済の高度成長が続くと、先行型の設備投資が過熱して輸入が増大、国際収支の悪化から引締め政策を採らざるを得なくなったのである。

　しかし、それはやがて解消される。労働分配率を低目に抑え、株式配当を極端に抑圧する日本的経営では、経済の成長に比べて個人所得は伸びが遅い。つまり、日本人は働くほどには使わない仕組みになっていたのだ。これではいつか生産過剰になり輸出超過になるのを避けられない。一九七〇年代に入ると日本の貿易収支は黒字基調が定着、「外貨の天井」は解消した。むしろこの頃から、国際収支の均衡を目的とした輸入拡大内需振興が重要な政策課題となる。一九七〇年代初頭の「列島改造ブーム」は、内需拡大のために極度に金融を緩和し、行政主導による投資促進を強要したことから起こった現象である。

七〇年代から八〇年代初頭にかけての二回の景気循環の原因は、「石油」だった。七三年秋からの石油ショックは全日本を仰天させ、「列島改造ブーム」に冷や水をぶっかけたし、七九年からの第二次石油危機は、日本のみならず全西側諸国に悲観主義を拡めた。石油危機とは、原油価格の上昇によって世界的な価格体系の変更と国際間の所得移転を強要する現象である。石油をはじめとして多くの資源農産物を輸入に頼る日本では、原油一バーレルにつき一〇ドルの値上がりがあれば、二〇〇億ドルないし二五〇億ドルの資金が流出するのだから、これだけでも相当な景気引締め効果がある。これに、石油価格の上昇に伴う物価高騰を抑えようとする財政金融の引締め政策が加わり、不況の中で物価が上がるスタグフレーションが起こった。

こうした現象を目の前にして、日本でも「高度成長の時代は終わった」という転換期説や構造変化説が盛んに語られた。しかし、これもまた、海外要因によって起こった引締め効果からはじまったという意味では、「外貨の天井」と同種の循環といえる。価格体系の変化や消費者心理に与える影響などから、成長業種の交替や技術評価の変更はあったが、日本社会の体制と企業組織の変革を強いる要因ではなかったからだ。

従って日本政府と日本企業は、従来通りの対策によって、二回の石油危機を乗り切ることができた。即ち、省力化、省資源、省エネルギーによる生産の合理化、新技術の積極的導入と輸出の増加による生産量の拡大、官僚主導型業界協調体制によるコストの国内価格への転嫁である。日本人が、日本型産業政策と日本的企業経営に強い自信を持つようになったのは、これによって二度の石油危機を克服した結果だった。

一九八〇年代には、もう一度、一九八五年から八六年にかけての「円高不況」があった。生産の合理化と規模拡大によって石油危機を克服した日本経済は、一九八三年以降、石油価格の下落とアメリカなどの自由化好景気によって膨大な貿易黒字を記録しはじめた。この結果、為替レートの大幅調整が必要となり、一九八五年秋からは僅か一年半の間に一ドルが二四〇円台から一二〇円台になるという劇的な円高が起こった。一つの国の通貨が、国際基軸通貨に対してこれほど急激な上昇を示した例は、世界の歴史にも珍しい。

当時は、これによって日本の輸出は大打撃を受け、経済の成長と企業の利益が削られると騒がれたが、結果はまったく逆になった。前述のように官導型業界協調体制と日本的経営の複合作用で、輸入原燃料の円建価格の低下分や生産合理化によるコスト引下げ分が、国内小売価格にまったく反映されず、企業の内部留保に取り込まれたからである。

「円高」は、「外貨の天井」や石油急騰とは違い、単純な海外要因による引締め効果ではなかったが、日本社会の官導体制と日本企業の経営方針を変更させる圧力でもなかった。むしろ、円高を乗り切るのに大いに効力を発揮した官導体制と日本的経営が、一層の自信を持って一段と強化される形になったのである。

その意味では、バブル景気に燃えた一九九〇年までは、日本経済の「戦後」は続いていたといってよい。国全体として見れば、昭和十六年以来の官僚主導型業界協調体制が強化されていたし、個別企業で見れば昭和三十年以降の特殊戦後型の日本的経営が維持されていたのである。

しかし、今回の不況は、これまでと同じ景気循環にとどまらず、日本経済の本質を革《あらた》めるものだ、といってよい。官導体制と日本的経営との変更革質を迫る要素が、実に多いからである。

戦後経済の三つの「神話」

一九八九年末、「ベルリンの壁」が破られて東側社会主義陣営は崩壊、東西対立冷戦構造は消滅した。それと、ほぼ時を同じくして日本経済のバブル景気も破綻、戦後型の日本的経営が問い直されるようになった。世界構造の面でも日本経済においても、八〇年代で「戦後」は終わったのだ。

もっとも、冷戦構造の終焉と日本経済のバブル崩壊とは、直接的な因果関係はない。いやむしろ海外要因ではなく起こったことが、今回の「平成不況」とこれまでの戦後型不況との相違点だといってよい。九〇年からの景気後退は、「外貨の天井」でも石油の高騰でも、為替の変動や海外不況による輸出の停滞でもなく、日本国内での株価と地価の行き過ぎた上昇が自重に耐えかねて崩落したことからはじまった。当初、それは循環的な価格変動のようにも見えたが、実は、これによって日本経済の「戦後」を支えて来た経営環境が根底から崩れはじめていたのである。

官導体制と日本的経営に彩色された戦後の日本経済には、三つの神話があった。第一の神話は「土地と株とは中長期的には必ず値上がりする」という「土地・株神話」だ。このことは、土地か株さえ担保にすれば金融はまったく安全なことを意味している。だから、企業は土地か株さえ持っていれば資金を借入れることができたばかりか、六、七年を周期として含み資産を増やし金融力を拡大することもできた。このお陰で日本の企業は、営業利益を上げなくとも規模を拡大し新鋭設備を作り、終身雇用と年功賃金を守れたのである。

第二は、「消費需要は必ず増える」という「消費拡大神話」だ。日本の国民総需要に占める個人消費の割合は五二・一パーセント、欧米に比べて一〇パーセント前後も低い。民間設備投資が成長に先行して伸びたのとは逆に、個人消費は成長後追い型で拡大して来たわけだ。だが、それだけに消費は景気停滞期にも増え続けた。需要の中でも、個人消費こそは究極の需要。これが毎年伸びるのなら深刻な不況はあり得ない。たとえ見通しを誤って過大な設備を造ったとしても、当面は操業率が低く赤字になるが、すぐ消費の増加で需要が伸びフル操業になる。そしてその時には、土地や人件費が値上がりしているから、これから造る設備よりは割安になっている。つまり、何年かの間の資金繰りさえつけば、過大な先行投資も必ず収益を上げるのである。

第三の神話は、「日本には深刻な失業問題は生じない」という「完全雇用神話」だ。終身雇用の日本では、少々の不況でも企業は人員整理は行わない。高度成長下では、すぐまた景気が回復すれば生産を拡大しなければならない。慌てて従業員を減らせば、かえって募集費や訓練費が嵩む。シェアの縮小を恐れる日本の企業が、不況時に余剰人員を抱え続けても、次の成長期の生産拡大に遅れない方を選んだのも、不思議ではあるまい。

失業さえなければ、家計は安泰だ。定年までは必ず収入があるのだから、人生設計もやり易い。結婚、出産、住宅購入、子女教育、年老のための貯金も計画的に行える。自動車や電気器具の割賦購入も気楽にできるというものだ。

戦後「神話」の崩壊

以上の三つの神話が、日本経済の成長を保証し、企業の先行投資や人々の住宅購入を促進して来た。ところが九〇年からはじまった土地と株の値下がりは、第一の「土地・株神話」を打ち砕いてしまった。土地や株を担保にした融資の多くが危うくなり、金融の焦げ付きが大量に発生しているのは周知の通りだ。新株やワラント債の発行できわめて低利の資金を調達、大胆な先行投資を行っていた企業は、株価の値下がりによって負担の激増に悩んでいる。つまり、バブルの崩壊は日本的経営の主要な柱の一つである先行投資型財務体質に、痛烈な打撃を加えたわけである。

官僚主導型業界協調体制の成功体験を持つ日本の政府は、株価の維持と金利の引下げとによって、企業とりわけ金融機関の損失をやわらげようとしているが、傷口を塞がず輸血をするような愚かな行為だ。これによって救われるのは、銀行などの経理帳簿上の数字だけで、実態は「悪しき低迷」を長引かせるだけだろう。一般企業も金融機関も、大蔵省の強引な株価操作に加担させられ、非効率な投資を強制的に保持しなければならない。その上、金利の引下げは金利所得を減らして個人消費を減退させる逆効果さえ生んでいる。

かくして、戦後経済を支えた第二の「神話」、「個人消費は年々必ず増える」という「消費拡大神話」も怪しくなって来た。一九九二年の春から百貨店売上高が、九月からはスーパーマーケットなどの量販店売上高が、前年同期を下回るようになった。自動車や電気製品などの耐久消費財の売行きはそれ以上に減少しているし、海外旅行や外食などのサービス需要も低価格の方に流れ出している。どうやら第二の「消費拡大神話」も崩れ去ってしまったようである。

幸いにして、第三の「完全雇用神話」は、まだ続いている。バブルの崩壊から消費不況へと変わりつつある今も、失業率は二・三パーセント、有効求人倍率は〇・九三（九二年二月現在）いずれも市場経済で「理想的」といわれる水準よりも良好な超完全雇用状態を示している。

しかし、これも無限に続くわけではない。もし九三年中に景気回復が見られなければ、中高年層やパートタイマーなどの間に深刻な失業問題が発生する可能性が高い。「消費拡大神話」が消え、生産拡大の見通しが立たないとすれば、日本の企業組織も、それほど長く大量の余剰人員を抱えているわけにはいかなくなってくるからである。

成長気質が危険になった

戦後の日本的経営を特色づける気質の一つに、「拡大即利益」の発想があった。これは単にシェア重視主義という心理上体裁上の問題だけではなく、実績によっても裏付けられていた。

日本の企業が、シェア重視主義の拡大路線を突っ走ったきっかけは、戦中戦後のモノ不足を解消するために政府が採用した増産奨励政策だったといえる。モノ不足を克服するために確立された昭和十六年型の官僚主導体制は、コスト引下げや生産性の向上よりも、生産量の拡大だけを重視した。このため生産量を増やした企業を賞賛し、シェア上位の企業の経営者を業界団体の長に据え、その経験者には勲一等の勲章を与えた。

政府のするところ、民間も見習うのが官導体制だ。経済界もマスコミも、生産量を増やしシェアを拡げた経営者を持てはやした。これがやがて終身雇用と年功賃金の維持にも役立つことが判明し、全従業員の間にも強烈な拡大期待が生まれた。

だが、戦後四十数年、企業が拡大路線を貫き得たのは、それによる成功例が多く失敗例が少なかったからだ。いわば積極投資の拡大路線が、日本企業押しなべての成功体験になっていたのである。

そうなり得たのは、まず第一に日本経済全体の高度成長だ。特に消費が常に伸び続けたことが重要な意味を持っていたことは、前述の通りである。第二には、より直接的な効果として、土地と株とが必ず値上がりするという資産インフレ基調が挙げられる。このお陰で、早手廻しに先行投資を行った企業は、地価上昇で含み資産を増大した。加えて、土地のような資産さえあれば、株価は上昇し、新株や転換社債の発行で低金利の資金を大量に入手することもできた。たとえ需要の見通しを誤って過剰な先行投資をしてしまっても、当面の資金繰りさえつけば、数年後には巨利を得る構造ができたのである。

こうした経験を何度も繰り返した日本の企業には、「拡大即利益」の発想が浸透、企業組織本来の目的である営業利益の有無よりも、規模拡大それ自体に意義を感じる気質が根付いた。これまでの成長経済、資産インフレ基調の「戦後」社会では、これが企業のバイタリティとなり、社員の士気ともなった。意欲的な気性と積極的な行動力を持つ社員こそ、貴重な戦力として評価されたものだ。

だが、「土地と株は必ず値上がりする」という「土地・株神話」が崩れ、「消費は常に増加する」という「消費拡大神話」も信じられなくなった今後は、この気質は大いに危険である。特にそれが人事圧力シンドロームと結合して多角化や新規事業志向に走る時には、致命的な打撃が残りかねない。今後は、利益を生まない事業や施設に投資をすると、土地の値上がりでカバーすることもできないし、新株発行で低利資金を入手することも難しいから、長く重い負担にあえぐことになってしまうだろう。

(2)　三比主義からの脱却

拡大志向を制度化した三比主義

こうした経営環境の大変化に、日本の企業組織はいかに対応すべきか。それにはこれまでの組織の体質と気質を改める新しい発想と対人技術と評価基準が必要である。

これまでも繰り返し述べて来たように、組織は多様であり、組織の目的は相互に矛盾する。従って、すべての組織すべての企業に即効のあるただ一種類の特効薬などあり得ない。だが、少なくともこの点だけは留意し再検討すべきだというポイントがいくつかある。ここではそれを、五つのキーワードとして示しておこう。

まずは、「三比主義」からの脱却である。「三比主義」とは、「前年比」「他社比」「予算比」の「三比」を評価基準にする経営、または組織管理方式だ。今日の日本では、「三比主義」が企業の業績を評価する基準として一般化しているが、実はこれこそ「拡大即利益」の発想を制度化した悪しき拡大志向の表れである。そこには、量的拡大以外の何物も考慮されていないばかりか、危険と堕落を強いる仕組みが組み込まれているからである。

もちろん、「三比主義」にも歴史と変遷がある。それがまず確立したのは、増産奨励と計量経済学が結び付いた一九六〇年代の高度成長時代だった。この時期には、生産高（売上額）での「三比」が何よりも重んじられ、長時間労働と勤労の馬力とが人事評価でも重視されていた。

ところが、一九七〇年代前半の「石油ショック」を契機に、「量よりも質」という声が興った。先行投資の行過ぎや土地投機の失敗で、倒産する企業などが現れたからだ。しかし、ここで持ち出された「質」とは、利益額という別の「量」に過ぎなかった。その意味では、戦後半世紀近くにわたって日本企業の数量志向＝拡大主義はまったく変わっていない。そしてそれに向かって従業員全部を駆り立てたのが「三比主義」である。

無限地獄を招く「縦の競争」

一般に「競争」といえば、ある人と他の人との優劣、集団の平均値または最頻値と特定の個人の比較など、他との比較優位を競うことをいう。しかし、これだけでは一旦低位に落ちた者は、やる気をなくして競争から脱落する。一方、他に抜きん出た上位者が、それ以上に励もうとする意欲を失ってしまうこともある。そこで構成員全部を奮い立たせようとする組織は、もう一つ別の競争を導入する。同じ人または集団の前年実績や過去の趨勢と今年の実績とを比べ競わせる方法だ。これなら高位者をさらに焦らすこともできるし、低位者にもそれなりの励みを感じさせることもできる。

組織論では、前者を「横の競争」、後者を「縦の競争」と呼んでいる。一部の新興宗教などでは、信者の献金でも「縦の競争」を煽り、大いに資金を集めている例がある。「貧しい人も貧しいなりに年々より一層の献金に励めば信仰心の表れになる」といういい方は効果的だろう。

「前年比」「他社比」「予算比」の「三比主義」は、縦と横の競争を煽るものだ。その意味では、閉鎖的労使慣行の中で、企業組織が共同体化しないための強い刺激に違いない。ここでは、「前年比」が「縦の競争」を、「他社比」が「横の競争」を煽り立てる。これを企業組織全体としてだけではなく、「他社比」の概念を各事業所・各部門別の売上高と利益額とに適用すれば、企業内の「横の競争」も煽ることができる。さらに「予算比」は、それぞれの事業所や部門別の事情を勘案した上での目標値との競争を強いる意味で、縦横双方の競争を補完することにもなる。

しかしこの方式は、いずれ行き詰まることは明らかだ。「前年比」を伸ばし続けるためには、去年より今年、今年よりも来年と、従業員一同が頑張らなければならない。「他社比」を良くするためには隣の会社よりも頑張らなければならないが、隣も同じように頑張れば、また一段と頑張らなければならない。その上、今年頑張り他社を上回れば、「この部門は伸びそうだ」と高い予算が組まれるから、来年の「予算比」を良くするためにはさらに頑張らなければならない。つまり、日本社会全体がゴールのない無限地獄に陥ってしまうのである。

こうした競争こそ、閉鎖的労使慣行にもかかわらず、日本経済が成長を続けた原動力という見方もあるが、組織論的には重大な欠陥がある。各事業所各部門それぞれに「三比主義」を強いることは、組織を固定化し根本的な効率向上には有害無益だからだ。旧日本軍の勇戦奮闘の強要と同様、組織的改善を考えることなく個々の小組織や従業員の尻を叩くのは、無理の強要に過ぎない。今日、日本は技術水準が高く労働の質も良いといわれるのに、社会全体の労働時間当たりの生産性が、先進工業国の中では最も低い部類になっているのは、この事実を暗示している。

量のノルマは質の悪化を招く

「三比主義」のより重大な欠陥は、量だけでノルマを課すため質の悪化を招くことである。この点は、社会主義計画経済の工場や農場でも、日本の証券会社でも変わりがない。また、そのノルマの基準となる量が、生産のトン数や台数という物理的数量でも、売上高や利益額という経理上の数値でも変わりがない。

社会主義経済の崩壊の重大な原因の一つは、工場や農場に対して生産量のみでノルマを課したため、生産物の質と効率が無視された点にある。例えばソ連のスティール家具工場には、生産物のトン数でノルマを与えた。台数にすると、どこの工場も引出しや袖のない簡単なものを作りたがるからだ。

ところが、この結果、ソ連のスティール家具がやたらと重くなってしまった。規格を定める専門家たちは、前年比△パーセント増のノルマを達成するためにも、極端な事故例などを並べて「より重い家具」にすることの必要性を主張したのである。これは実質的な効率を低下させるばかりでなく、資源素材の浪費にもなる。各工場はノルマを超過達成しているのにソ連経済全体は悪化するという現象が生まれたのはこのためだ。

同様に、各支店や個々の営業マンに、売上高のノルマを課した日本の証券会社では、質の悪い取引が増加した。今日の売上高を増やすために損失補填を口約束した例も多いし、暴力団関係者にまで手を拡げた者もいた。中には不必要な不動産やゴルフ会員権を購入して取引を拡げようとした例もある。加えて取引勧誘をし易い関連企業や隣の支店の顧客を奪い合うことにもなる。結果としては、各支店がノルマを超過達成しても、会社全体としては一向によくならない。おまけに不祥事が世間に知れ渡れば、信用を失墜したばかりではなく、取引縮小時には膨大な過剰人員、過剰施設を抱えることにもなってしまった。

　これも、もとはといえば量だけを基準とした「前年比、他社比、予算比」を重視した「三比主義」が生んだ災難なのだ。今、そんな例は日本中に沢山ある。それにもかかわらず、なお多くの企業が「三比主義」から脱し切っていない。バブル崩壊後に作られた企業の「長期経営目標」などを見ても、「二〇〇〇年には売上高〇兆円、利益額△億円」式の量だけを記したものが少なくない。日本の企業は、拡大志向と「三比主義」以外に経営理念を持っていないからであろう。

　戦後の成長経済と資産インフレ基調が終焉した今、企業はまず「三比主義」から脱し、量だけではない企業の目標を創造する必要がある。

(3)「価格－利益＝コスト」の発想

コストの価格転嫁が不可能に

　では、「戦後型」のあとに来る組織、いわば「新代」にふさわしい組織とはどんなものだろうか。それに変身するためには、どのような体質改革と気質の転換が必要だろうか。

それにはまず「コスト＋適正利潤＝適正価格」の発想を捨て、「価格－利益＝コスト」の発想を確立することである。

官僚主導型業界協調体制が続いた戦後の日本では、「コスト＋適正利潤＝適正価格」という官僚統制的な価格設定が、当然のことと信じられていた。「人件費が上がれば値上げは当然」、「石油が暴騰すれば運賃、電力料金も値上がりするのは当り前」という発想である。この考え方は、従業員の生活を保障し企業の経営を安定させる生産者優先の官僚統制を前提としたもので、市場原理には完全に逆行する。売上げが減少し生産効率が低下すれば、単位当たりのコストが上昇するので価格を引き上げるのが正当、という結論になるからだ。

例えば今、不況の影響で東京などはタクシーの実車率が低下、一台当たりの売上げは減少している。タクシー一台を運行する費用はほぼ一定とすれば、乗客一人当たりのコストは上昇、一層の料金値上げが必要ということになる。市場経済の原理はまったく逆だ。需要が減り供給が過剰になれば、価格が低下して需要を喚起、その価格では供給できない生産者は脱落して供給が減り、かくして再び需給が一致する、と教えている。日本では、長い間、市場経済とは逆のことが信じられ、かつ実行されて来たのである。

それというのも、官僚主導型業界協調体制が徹底していて新規参入も協調破りの業者も出ないとすれば市場原理に逆行するコストの価格転嫁も可能に思えたからだ。しかし、現実にはそれほど完全な閉鎖市場はあり得ない。たとえ完全な国内統制が実現していても、外国からの参入や代替商品との競合がある。意外な方向からの侵蝕も発生する。外国でも日本でも、そんな形で衰退した産業や組織は少なくない。

例えば、かつてアメリカの自動車業界では、大手三社（ビッグ３）以外に供給者はいないという寡占状態を前提に、安易な賃上げに合意していた。全米自動車労働組合とビッグ３との協定で三社が一斉に賃上げをすれば、相互の競争条件には変化がないので、コストは価格に転嫁できると考えていたのである。しかし、この結果はアメリカ自動車産業全体の国際競争力が低下し、日本車の輸入増加を招くことになった。このため、アメリカの自動車メーカーは三社とも事業縮小を余儀なくされ、労働者は大量解雇されたのである。

日本の国鉄は、全国の鉄道輸送を独占しているという安心感から、コストの上昇を運賃値上げに転嫁し続けたが、そのことが飛行機やバス、トラック便やフェリー・ボートなどの代替商品の発達を促し、ますます利用者が減って大赤字になってしまった。輸入禁止と食管制度で厳重に守られていた日本のコメでさえも、「コストに見合う値上げ」を続けた結果、代替商品のパンやラーメンなどに押されて需要が減退、日本国民一人当たりの消費量が一九五〇年頃の一四〇キロから今では七〇キロへと半減している。この結果、今や日本の米作は減反と後継者難で崩壊寸前である。国の内外、業種の如何を問わず、「コスト＋利益＝価格」の発想は、豊かな社会においては当該産業とその生産組織を壊滅してしまうのである。

崩れる閉鎖市場

日本において、戦後長くコストの価格転嫁が通用した主な理由は、多くの分野で官僚主導によって新規参入が抑えられていたことだ。日本ではよく「過当競争」といわれるが、実際には日本における競争とは、業界協調体制の中での大規模化競争（つまり他社比競争）に限られていた。つまり、日本経済全体として見れば、真の自由競争のない閉鎖的な市場経済が行われていたのである。

日本の政府と業界が、行政圧力と広告出稿の利益誘導でマスコミを動員して反自由化反競争化キャンペーンを熱心に行って来たことも、それを維持するのには効果があった。何よりも日本人全体が生産者中心の視点に立ち、消費者としての価格選好が乏しかったことが大きい。

しかし、今や内外の環境は変わった。日本市場が巨大化するにつれて、世界の注目が集まり出している。コメの関税化や建設業への入札参入の要求などもその表れだ。冷戦の終焉によって、日本に対する市場開放要求は、ますます激しくなり、多分野に及ぶだろう。

一方、日本の消費者も、目下の「平成不況」では価格に敏感になっている。これまで日本の消費者が価格に鈍感だった原因の一つに、値段を考えない企業消費の存在があった。税務統計から算出された企業交際費は一九九一年度で六兆一〇〇〇億円、全消費の約三パーセントにも当たる。旅費交通費や広報費、会議費などに潜り込まされた企業消費を加えると、それをかなり上回るだろう。これらがバー・クラブ・料亭・ゴルフ・贈答品などの分野で、高値をいとわぬ特殊市場を形成、その雰囲気が個人消費にも少なからず伝播していた。同時に、八〇年代に入ると官民学に言論界を加えた高級化・多様化・ブランド化の宣伝で、消費者に高価格品を売り付けた。いわば、高いものを買うことに満足感を覚える社会主観を形成することに成功していたのである。

だが、そんな構図も、今度の不況では崩れてしまった。企業消費にも倹約ムードが拡まり、低価格希求が現れた。それを敏感に感じ取って、個人消費はより厳しく価格を吟味するようになった。いわば企業消費と多様化PRの酔いから消費者が醒めてしまったのである。

「必要なこと」と「仕方のないこと」

こうした日本市場の変化は、コストの価格転嫁を困難にするだろう。これまでのような需要低下を単価の引上げで補う方式では、より激しく需要が落ち込むようになるだろう。「値上げ後しばらくは需要が減っても、間もなく高値に慣れて回復する」という安易な考え方は止めねばならない。

これからは、市場経済の正道に戻って、供給過剰需要不足の場合は、価格の引下げによって需要を拡大し供給を縮小する仕組みにならざるを得ない。つまり、市場で売れる価格がまず存在し、それから企業経営の本来の目的である利益を引いた残りが、経営者に与えられたコスト使用の限界（価格－利益＝コスト）と考えることだ。これを通すためには、人件費を含むすべてのコスト要因の再検討が必要である。人員の数だけではなく、人員の質、つまり高給を支払う人材が本当に必要なのかどうかをも、厳密に検討しなければならない。

もちろん、組織には機能だけで割り切れない部分がある。特に終身雇用・年功賃金の「閉鎖的労使慣行」に慣れ親しんで来た日本の企業組織を、一挙に機能本位に変え、能力買い取り型に改めるのは難しい。

しかし「必要なこと」と「仕方のないこと」を明確に区別し、意識することは大切である。このポストには、経験を積んだ中高年が「必要だ」から高給取りを配置しているのか、低賃金の若者やパートタイマーにもできる仕事を、終身雇用の慣例から「仕方なく」高給の中高年社員にやらせているのか、区別して意識していることは、経営者管理者の目的意識を高めるだけではなく、社員全体の緊張感を強めることにも繋がる。

このことによって、共同体化した組織が陥り易い危険の一つ、心地よさの優先と機能軽視から幾分か逃れることができるはずである。

(4)「利益質」の提言

「利益質」の客観化

以上のような発想に立てば、企業組織の「大きさ」や「固さ」よりも、利益実現を目指す機能的な「強さ」を追求せざるを得ない。しかし、その「利益」という概念を、利益額という「量」だけに限定して各事業所や従業員にノルマを課す「三比主義」では、「質」の低下を必然化する。

一九八〇年代の世界的なバブル経済の中で起こったこの事実の反省から生まれたのが、「利益質《クオリティ・オブ・ベネフィット》」の概念である。

これまでの経営学、とりわけハーバード・ビジネス・スクール式のケース・スタディー中心の経営者養成学校では、単年度ごと（時には四半期ごと）の利益額追求を教え込んだため、長期的な安定性と成長性のある経営は行われ難かった。ケース・スタディーは、本書でも最初に取り上げたように、導入としては分かり易いが体系的学問的な思考を育てるものではない。

「経営学のケース・スタディーは無鉄砲なメロドラマを見るようなものだ。若い二人が周囲の困難に打ち克って結ばれるところでハッピー・エンドになるが、そのあとの長い人生を果して幸せに生きられるかどうかは何も教えてくれない」といった人がいる。けだし、名言である。

企業が一つの事業（利益追求業務）を行った場合には、必ずそれを実行するための組織や人間関係が生じ、それが外での組織イメージと内での組織気質を変えてしまう。従って、当該事業が利益を生まなくなった場合には、経営的にも心理的にもかなりの負の資産を残すことになる。単年度利益追求主義では、それが継続的に利益を生んだのか、利益を生まなくなったあとではどのように処分されたのか、長期的体系的な判定を明らかにすることがない。八〇年代にアメリカを中心に盛り上がった企業売買や不動産開発事業の多くが、結果的には行き詰まったのも、このためである。

しかし、その一方では企業経営は日々動いているのであり、年々（または四半期ごとに）評価せざるを得ない。そしてその時点では、一つの事業の結末までを見ることができないのもまた事実だ。こうした矛盾を解決するものとして考えられるのが「利益質の計量化」である。つまり、「質」を数値化することによって、組織の運営と経営の指針に活用しようという発想である。

利益質の基準――①外延性

では、利益の質を決定する要素は何か。これまでの研究で明らかになっているのは、次の三つである。

その第一は外延性、つまり当該利益が組織の外に延びているか、同じ組織内でのタライ廻しかを計ることである。例えば、同一企業グループ内部での取引や関係企業への販売によって得た利益は、外延性が乏しい。また、ある支店が、同じ企業の別の支店と既に取引のある顧客との取引を引き抜いた場合も外延性は低い。

同様に、逆取引付きの取引利益。つまり「貴社からこれを買うからウチのこれを買ってくれ」式の取引利益も外延性は割引かれる。逆取引分は組織内部の負担、つまり内部取引と同じ影響を持つからである。これに対してまったくの新規顧客を開発した取引による利益は外延性が高いと評価される。新規顧客に新規商品を販売した利益は、恐らく外延性が最大であろう。

利益質の基準として外延性が強調されるのは、組織論的考察の成果である。外延性の乏しい内部取引や逆取引付き取引によって表面利益を上げることは、外延性の高い新規顧客や新規分野での利益を得るよりもはるかに安易だ。組織内部での事業部間取引はもちろん、子会社や関連企業に売り付けるのは、ほとんど自動的とさえいえる。

同じ会社の別の支店の顧客を奪うのも、さして困難ではない。取引相手にとっては、これまでと同じ会社との取引で、支店を変えるだけなら安心だし、心理的抵抗も少ない。従って、自分の支店の実績だけを上げようとする小賢《こざかし》い支店長は、隣の支店の取引先名簿を取り寄せて営業マンを派遣したりする。実際に銀行や証券会社など支店網の密な企業では、こんな例は珍しくない。

それは恰も、自民党の候補者が、野党の候補者の票を奪うよりも、同じ選挙区内の別の自民党候補の支持者を狙うのと同じだ。野党の票を奪うためには、支持政策から政治思潮までを変えさせなければならないが、自民党候補の支持者なら、ただ投票用紙に書く氏名だけを変えさせれば済むからである。しかし、自民党全体としての得票数や当選者数から見れば、これは外延性の乏しいやり方である。組織は、支店や営業所、個別の候補者という部分組織であっても、それ自体の目的を持つことに注目する組織論的視点では、こうした無駄と摩擦をなくするためにも、外延性を利益質の重要な評価基準と考えるわけである。

利益質の基準――②継続性

利益質の第二の要素は継続性、つまり当該利益が長期的に継続する性格のものか、一回限りまたは一時的なものかである。例えば、株式投機や土地の値上がりによる売買収益は、一時的なものだ。一般的にいって、常に株や土地が値上がりするとは限らないからである。バブル時代の財テクブームは、この点を甘く見て、一時的偶発的な利益と継続性のある利益とを厳格に区別しなかった。このため、多くの企業が好況時には安易に得られる投機利益を追求したことが、今日の損失と資金固定を引き起こした。

同様に、営業利益の中でも原材料や商品の在庫がたまたま市場の状況で値上がりしたことによる利益や為替変動による利益も、一時的なものとして継続性の乏しい利益に分類されなければならない。経理上、後入先出法を採る場合には、特にこの点は厳格に考えるべきだろう。

これに対して新製品の開発や新規市場の開拓によって売上げを拡大したことで得られた利益は、一般的に継続性が高い。その取引が固定化し継続する可能性が大きいだけではなく、それを足掛かりとしてさらに拡張することも考えられるとすれば、一層高く評価すべきだろう。恐らく最も継続性の高い利益は、技術開発によるものだろう。技術の向上は、それをベースにしてさらに次の研究開発が行えるからである。

これに関連して注意すべきなのは、一時、アメリカを中心に盛り上がった企業売買による利益も、きわめて継続性の低い質の悪い利益だったという点である。売買した企業の資産を切り売りしたり、一時的に業績を向上させて株式を吊り上げて転売するのは、一見、企業組織のリストラクチャーに成功しているように見えるが、継続的にそれに成功する保証はない。

企業の転売によって利益を得ることを目的として企業売買が繰り返されるとすれば、売買される企業は、いつかは必ず業績が悪化、やがて倒産するはずである。なぜなら、その企業を買収した投資家が有能で企業の業績の改善に成功すれば株価（企業の価格）は上昇するから、投資家は当初の目的通り利益を得て転売するだろう。ところが、その企業を買い取った投資家が無能で業績改善に失敗すれば、企業の価格は下落して転売できなくなってしまう。つまり、当該企業は有能な投資家の間では次々と転売され、業績を改善できない無能な投資家の手に入った時には転売されなくなるわけだ。従って、結局は企業は無能な投資家の「滞貨」となり、ますます業績が悪化、やがては倒産してしまうに違いない。

このことは、投資家の側から見ても同様である。業績が改善できた企業は転売して利益を上げるが、そうはならない企業をつかんだ時には「滞貨」となり、活動を停止せざるを得ない。従って、企業の発掘と審査に余程の眼力があるか、経営改善に天才的な能力を備えている投資家以外は、いつかは「ババ」をつかんで破産することになる。九〇年代に入ると、この仕組みの欠点が露呈、企業売買の多くが失敗に終わった。継続性の乏しい利益を繰り返した当然の結末というべきであろう。

利益質の基準――③好感度

利益質の第三の要素は好感度、つまりその利益を上げることで好感を得られたか、反感を募らせたかである。いうまでもなく、利益質は、上げた利益の質を問うものだから、利益の上がらない事業や社会的貢献のための支出などは議論の対象とはならない。世の中には「汚く稼いできれいに使え」という諺もあるが、それは別のテーマである。ここで取り上げる利益質は、あくまでも組織運営と企業経営上の課題であって、社会正義や倫理道徳の問題ではない。この視点で好感度を考えると、「誰の」好感度かがまず問題になる。これを大別すれば(a)取引相手好感度、(b)従業員好感度、(c)世間（社会）好感度の三つになる。

(a)　取引相手好感度　当該利益を発生させた事業の取引相手が、その取引または事業の成就に好感を持ったか反感を抱いたか、ということだ。この場合の「取引相手」とは単なる売買の相手方だけではなく、広く「当該事業に直接的利害関係を持つ人々」と解すべきであろう。

例えば土地開発や工場建設なら自治体や周辺住民なども含まれる。この意味での「取引相手」が好感を持てば、事業の継続は容易になり、事後の営業経費や情報収集費も低下する。逆に反感を抱けば事後の取引が困難になるだけではなく、事後の営業活動や情報収集にも費用と手間がかかる。従って、時として利益額を削っても（値引き売りや高値買いをしても）取引相手好感度を得る方が得になることも多い。

だが、それ以上に重要なことは、取引相手好感度は値引きやリベートの支払いなどの金銭的な問題だけで決まるのではない、という点である。「お宅は何でも高いなあ」といいながら取引を続ける顧客もあれば、「あそこは安いがなるべく使いたくない」という店もある。その差は、営業マンや窓口の人柄や態度に負うところも少なくはないが、組織論としては言及することではない。「いつも笑顔で親切に」などというのは、人材論と社員教育の課題である。

組織論的には、取引相手好感度は情報公開性（透明度）と顧客目的への合致（目的適応度）によって決まると考えられる。特に組織と組織との取引の場合はそうだろう。価格の形成要因や比較、自社の意思決定方式、生産供給過程を知らせる透明度の向上は、取引相手の安心感を増し、相手方担当者をやり易くする。また、相手方の究極的な目的に適合した商品サービスを提供することができれば、取引相手全体が好感を持つ上、相手方担当者の社内評価も高まるだろう。この点、共同体化した日本の官庁や企業は情報公開を嫌い、透明度が低い。その反面、製造業などの目的適応度はかなり高いと評価されている。

(b) 従業員好感度　ある映画会社が文芸大作を上映したところ、会社の電話交換手たちが、自発的にかかって来た電話に対して「文芸大作○○の△△会社です」と応答し出した。ところが、そのあとでポルノ的作品を上映すると、短く「△△会社です」とだけ答えるように戻ってしまった。この場合、同じ一人の観客を入れて二〇〇〇円の売上げを上げたとしても、文芸大作は従業員好感度が高くポルノは低いということになる。

企業の従業員は、常に会社の発展と収益の向上を願うはずだが、それにも好感の持てる事業や利益と、持てないものとがある。従業員好感度の高い利益は、組織の士気を高め調和を得易くする。従業員好感度の低い利益は、士気をくじき摩擦を生む原因となり、結果としては組織の効率低下と管理費用の増加を招くのである。

ただ問題は、従業員好感度は、前述の取引相手好感度とも、次に述べる世間好感度とも、必ずしも一致しないことだ。特に共同体化した組織では、組織内だけの独特の倫理観が生まれ、それに則して従業員好感度が発生する。例えば今日の日本の官公庁では、取引相手に反感を抱かせるような規則基準の適用、複雑な書類の提出などを求める一方、世間からも批判の強い官僚的非効率と縄張り根性がはびこっている。ところが各官庁内部の役人たちの間では、取引相手に規則基準を押し付け、縄張りを死守することが高い好感を呼ぶ。「外国や政治家の圧力をはねのけて弊省の慣例を押し通した」というだけで喝采を浴びる。他省庁との権限争議で負けなかったとか、所管分野の企業や入札業者にいうことを聞かせたとかいったことが自慢の種になっている。それが日本のためになるかはもちろん、自省の利益になるかさえ二の次という例も少なくない。

官僚にも個人的には善良で親切で熱心で有能な人材が多いが、組織内部での評価は、世間から隔絶した従業員好感度に由来するので、しばしば必要以上の冷酷と強引が現れる。官公庁に限らず、巨大企業や公団・事業団にもそうした例は珍しくない。これがさらに極端になり、社会倫理に逆らうようになれば、組織自体が反社会的存在になる。暴力団とかマフィアとか呼ばれるものは、それだろう。独裁政権や狂信的宗教団体などにも、末期にはそんな様相を呈した例が少なくない。

従業員好感度は、利益質の重要な要素の一つだが、同時にそれが組織効率と世間の常識から遠ざかっていないかどうかの検査も欠かせない課題である。

(c) 世間（社会）好感度　ある企業がその利益を上げたことに、世間（社会一般）が好感を示すか反感を持つか、である。例えば、一九五五年頃から電機メーカーがテレビを売り出して大きな利益を上げたが、これを非難する声はなかった。国民もみなテレビが欲しかったから、テレビ製造事業による利益には世間好感度が高かった。だからこそ、所得第一位になった松下幸之助氏は、当時の国民的英雄になったのだ。

約十年後、自動車が普及し出し、日本の自動車メーカーは巨利を博して急成長したが、この頃にはようやく排気ガスや交通渋滞から自動車の無制限な販売を批判する声も現れた。大多数の人々は、自動車製造事業による利益に好感を示したが、一部には反感もあった。

それから数年後、「列島改造ブーム」に乗って全国各地で別荘地開発が行われた時には、自然破壊と地価高騰を非難する声が吹き荒れた。別荘地開発を誘致した山村では、これによって村が振興されるとの期待も大きかったし、分譲別荘地を買った人々もしばらくは地価高騰による架空の利益を楽しむことができた。また、当時別荘分譲に当たっていた従業員の多くも、新規分野開拓の意気に燃えていた。少なくとも石油ショックが来るまでは取引相手好感度も従業員好感度も悪くなかった。だが、世間好感度は良くなかった。このため、石油ショックによって別荘地分譲業者（興人のような他業種から進出した大企業も含めて）が窮地に追い込まれた時も、世間の同情はほとんど見られなかった。

世間好感度は、倫理的道徳的な問題ではない。世間に好感を得ることは、人材の募集から公的機関の支援や危機管理に至るまで、企業経営と組織運営に大きな利益をもたらす。従って、世間好感度の得られる事業による利益は、そうでないものよりも、はるかに大きな潜在資産を生むわけである。

利益質の計量化――「利益質指数」

以上、「利益質」にかかわる要素を並べたが、これを組織運営と企業経営に活用するとなれば、計量化する必要がある。そのために考えられるのが「利益質指数」、つまり「質」の高い利益を加重することで、「質」を考慮した指数を算出する試みである。

例えば、各支店が今年度に上げた利益の内容を分析、外延性の高いものはX倍、継続性の高いものはY倍、好感度のよいものはZ倍などを乗じて加重、その総合計（利益質加重値）を算出する。この値を、元の利益額で割った数値が「利益質指数」である。

もちろん、外延性にしろ継続性にしろ、その評価は難しい。好感度に至ってはかなりの主観的要素も入るだろう。従って、その倍数をどのようにするかは一元的には決定できず、いくつにも分かれるに違いない。また、外延性、継続性、好感度のどれをどれだけ重視するか（最高何倍と見るか）にも、純粋なマイナス点を設けるべきか（質の悪い利益を上げれば評価がかえって下がる）などの議論も残る。これらは、それぞれの企業の目標（いわば経営理念）によって決まる問題だが、業種や業態、企業規模でも規定されるだろう。概していえば一部門での悪評が企業全体のイメージダウンになるという点では、大規模で多角化した企業の方が、質にはこだわる（質加重の倍数を大きくする）べきなのであろう。

本来、「質」は計量化できないものだ。特に複数の要素からなる「質」を、一つの数値に直すことは誤解を招き易い。中学生、高校生の学力を「偏差値」という単一の数値で表現することは、日本の教育に重大な問題を課す結果になった。従って「利益質」を加味した「利益質加重値」や「利益質指数」の応用にも、十分な注意が必要である。だが、それでも「質」をまったく無視して、利益額という「量」だけを評価基準とするよりはずっとましである。

学問理論を現実に適用する場合には、常にデータの限界と現実的複雑さの壁に突き当たる。自然科学や技術の分野ならまだしも、経済学や経営学などの社会科学では、これが著

A・B２支店の「利益質指数」		
A 支 店		B 支 店
1000	利 益 額	1000
平　均 1.8	外延性評価 （最高を 2.0 とする）	平　均 1.2
平　均 2.5	継続性評価 （最高を 3.0 とする）	平　均 1.5
平　均 2.0	好感度評価 （最高を 2.5 とする）	平　均 1.3
9000	利益質加重値	2340
9.00	利益質指数	2.34

実際にはA・B支店とも 1000 の利益の中には各質の高いもの低いものが含まれているが、ここでは「平均」して各数値になったと仮定している。

しい。組織論もまた例外ではない。いや、組織論ほどそれが著しいものはない。学問的理論的発展も未熟だし、データも取り難い。対象となる組織の規模、種類、目的、機能も千差万別だ。その上、各組織には独自の社会主観があり、独特の倫理と美意識がある。そんな組織を対象に、一つの理論を提供すること自体、かなりの危険がある。利益質の提言も、そんな危険を孕《はら》んだ考え方に違いない。

それでもなお、この考え方が、今のところは利益追求組織としての企業に、量以外の概念を与える効果は大きいであろう。社会科学は、不完全な仮説の試行によってこそ実用化されるのである。

(5) ヒューマンウェア（対人技術）の確立

テクノロジー・トライアングル（技術の三角形）

私が組織論に深入りするようになったのは、二十年ほど前、通産省大臣官房企画室でヒューマンウェアの研究をはじめた頃からである。その後も、八三年から八五年にかけて「ヒューマンウェア研究会」などを主宰して、その研究と普及に努めたが、今もなお、あまり発展しているとはいい難い。

広い意味でのテクノロジー（技術）は三つの極から形成されている。第一がハードウェア、第二がソフトウェア、第三がヒューマンウェア、つまり対人技術である。ハードウェアとは物財の技術、機械や装置の品質性能である。ソフトウェアとは利用技術、機械や装置を使用する知識や技能、ノウハウである。従ってこれを「物と人との関係技術」といい換えてもよい。

これに対してヒューマンウェアとは対人技術、つまり「人と人との関係技術」だ。今日の日本では、ハードウェア、ソフトウェアという言葉と概念は普及しているが、ヒューマンウェアの概念はまだほとんど知られていない。しかし、あらゆる事業には、ハード、ソフトの技術と並んでヒューマンウェアは欠かせない重要技術である。

例えば、タクシー業という事業を考えると、ハードウェアは自動車や車庫、最近では無線機器などもこれに加わるだろう。ソフトウェアは運転技術や運用ノウハウ、各ドライバーが優れた運転技術を持ち地理に明るく、営業所の配置や運営、無線呼び出し方法などのソフトウェアがよくできていることも、タクシー事業の成功には必要であろう。各タクシー会社は、ソフトウェアの向上のために、これらのソフトウェアの向上に努力しているはずである。

これに対してヒューマンウェアは、より幅広く多岐に及ぶ。まず会社と従業員との人間関係。労務管理や給与体制、出勤順序から乗車割当てまでの様々な技術が必要である。第二には、各ドライバーや無線受付けの接客態度、いわゆる客扱いの問題がある。第三には、その会社の知名度やイメージ、社会的認知など、世間の不特定多数との関わりがある。これはしばしば、パブリック・リレーション（ＰＲ）と呼ばれているが、ヒューマンウェアの一分野である。

より一般的ないい方をすれば、対人技術としてのヒューマンウェアには主体と客体の規模に応じて、①特定少数、②不特定少数、③特定多数、④不特定多数の四種類十六通りもの組み合わせがある。前記のタクシー事業の例でいえば、会社の労務管理は特定多数に対するヒューマンウェア。接客態度は特定少数に対するもの、一回ごとに接する客は少数だが、いつ誰が乗るか分からないという意味では不特定である。またＰＲといわれるのは、企業組織という特定多数が不特定多数の世間一般と接するための技術ということになる。もちろん、このほかにも、企業の中の上司と部下というような特定少数間のヒューマンウェアも行使されている。

軽視されて来たヒューマンウェア

経済が成熟し、物財産業から情報産業や時間産業に比重が移るに従って、ハードウェアよりもソフトウェアが、ソフトウェアよりもヒューマンウェアが重要になって来る。人々がテレビや自動車を欲しがった高度成長時代は、より高性能な物財をより大量に造る工場設備などのハードウェアが大切だった。製品もハードウェア中心で、その性能品質が良く価格が安ければ売れたものだ。

一九七〇年代頃からは、高度な機器が中小商店や一般家庭にも普及すると同時に、情報機器の発達と経済のグローバル化で、ソフトウェアの重要性が急速に高まった。だが八〇年代に入ると、ハードウェアの性能品質やソフトウェアの利便性以上に、人間的な心地よさやイメージの良さなど主観的満足を充たすヒューマンウェアの役割が大きくなっている。今後は、医療、教育、余暇、情報など、人間を使って人間に接する産業が拡大すれば、ますますこの傾向が加速されるだろう。

同時に、企業組織の運営においても、情報技術の変化や雇用形態の変質に応じて、新しいヒューマンウェアの開発が急がれなければならない。今日までのところ、日本の企業では組織管理上のヒューマンウェアが著しく軽視されて来たからである。

戦後の日本企業では、終身雇用、年功序列の閉鎖的労使慣行が強固だったため、従業員はみな、企業に対する帰属意識と忠誠心を持ち、従業員相互の間には仲間意識が存在するという前提で考えられていた。つまり、日本企業の持つ特定多数に対するヒューマンウェアは、忠誠心と仲間意識を持つ集団を対象としたものだけなのだ。

このため、日本の企業や官庁は、忠誠心と仲間意識を持たない特定多数に対峙した時、きわめて惨めな状況に陥ってしまう。地域住民の反対運動に対する企業や官庁の無能ぶりは、その表れといってよい。

ところが「戦後」の終焉と共に、日本の企業でも終身雇用と年功序列は維持し難くなりつつある。このことは、忠誠心と仲間意識の乏しい従業員を以て経営する新たなヒューマンウェアが必要になっていることを意味している。

ヒューマンウェアは、ハードウェア、ソフトウェアと並ぶ巨大な技術体系だから、そのすべてを説き明かすことは万巻の書を以てしても不可能だろう。従って、ここではただ、今後の組織運営の上でのヒューマンウェアの重要性を指摘するに留め、これまでの組織論での言及と関連させて、新しい事態に対応するヒューマンウェアの切り口としての人事評価問題だけを簡単に取り上げておこう。企業という機能体では、人事評価こそが最も基本的かつ中核的なヒューマンウェアを構成するからである。

組織を動かす人事評価基準

「三比主義」を捨てて「利益質」を考慮せよ——これもいうは易しくて行うは難しい。長い間、売上高の拡大と利益額の増加を唯一の目標として支えられて来た日本の企業従業員にとっては、「利益質の向上」という概念自体が理解し難いかも知れない。いやそれより前に、理解したくない心理があるに違いない。

長年目指して来た目標を失うのは腹立たしいことだ。これまでの目標なら達成方法が分かっているが、新しく持ち出された目標には、到達する手段と道程が分からないという不安がある。このため、新しい目標を信じたくないし、その意味も理解したくない。目標の変更は、結果として従業員の士気が喪失し、組織の結束が乱れることになりかねない。

今、日本の組織にはこんな状況が少なからず見られる。バブル景気の時期に、土地買収や先行投資に血道を上げていた企業や金融機関では、急にそれが停止したために戸惑いの色が濃い。最近の金融機関の「貸し渋り」も、その表れの一つである。組織人は保守的であり、新しいことには疑い深いのである。

こうした状況を打開するためには、組織人が真剣に考えなければならない部分、つまり人事評価に新しい目標と基準を採り入れることが必要である。組織に属する人々は、誰しも自分が出世や給与のためにだけ働いているのではない、という。官庁の役人も、学校の教師も、病院の医師や看護師も、ほとんどの企業の従業員もそういうに違いない。そしてそれも大抵は嘘ではない。少なくとも本人は心底そう信じていることだろう。特に終身雇用と年功賃金に守られた日本の企業では、この傾向が著しい。

しかし、従業員個人の主観と組織全体の動きから見た客観的事実とは同じではない、というのが、特定多数を対象としたヒューマンウェアの公理なのだ。つまり、従業員一人一人がどう思っているかは別として、組織人の行動が人事評価の基準によって動くのは、否定し難い事実である。

例えば「利益質」の問題も、「利益質加重値」や「利益質指数」を支店の評価と支店長の人事に加えるなら、急速に浸透するだろう。

自己犠牲評価と能力・功績評価

実際、人事評価の基準こそは、組織の性格と構成員の行動を規定する最大の要素である。組織における人事評価の基準は、大きく分ければ自己犠牲評価と能力・功績評価の二つに分かれる。共同体組織では前者が、機能体組織では後者が優先されるのが普通だが、現実には、この因果関係は逆になることが多い。つまり、自己犠牲評価が拡大した結果、本来機能組織であるべきものが共同体化するといった例である。

終身雇用の閉鎖的労使慣行を持つ日本の組織は、自己犠牲評価に陥り易い。官公庁での出世方法といわれる「休まず遅れず仕事せず」というのは正しくそれである。「休まず・遅れず」は自己犠牲の象徴、「仕事せず」は減点になるような危険性のある判断は避けた方が良い、という意味である。

これは漫画化した表現で、現実はもう少し複雑だ。日本の官庁で一番出世するのは、「問題が起こって解決した者」、次は「問題が起きたが解決できなかった者」、最も損をするのは「問題が起きなかった者」という。担当する分野で問題が起これば、当然時間的にも心理的にも苦労するので、自己犠牲は大きい。ここで快刀乱麻の如くではなく、ねばり強く時間をかけて対応し、必ずその都度上司同僚と連絡を取り、一歩でも半歩でも解決に近づけば最上だ。しかし、たとえ解決への前進がなかったとしても、その労苦は高く評価される。

ここで大切なことは、上司同僚への連絡報告を絶やさないことだ。これを怠ると、根廻し社会の日本では反発を招くだけではなく、折角の苦労が周囲に知られないからである。

こうした日本的な評価基準で、最も高く評価されるのは大石内蔵助だろう。主君浅野《あさの》内匠頭《たくみのかみ》は殿中刃傷沙汰に及び、浅野家断絶という大問題が起こった。大石内蔵助は、これを解決することができなかったが、「仇討ち」という次善の策に成功する。それも四十六人が揃って討入りという連絡の良さと派手な自己顕示を伴ってである。古来、大石内蔵助を愛する人々が多いのは、自己犠牲評価が人間の心に訴える感傷を含んでいるからである。

しかし、能力主義・功績主義から見れば、大石内蔵助のやり方は最悪である。浅野家の断絶という最悪の事態に陥れたばかりでなく、四十六人が打ち揃っての仇討ちも時間と費用がかかり過ぎるという意味でも拙劣である。組織のために最善なのは、問題が起こる前に手を打って「問題を起こさない」ことだ。大石内蔵助の例でいえば、吉良上野介に十分な賄《まいな》いをするか、浅野内匠頭にいい含めるかして、殿中刃傷沙汰を起こさなければよかった。いやその前に幕府中枢に取り入って、勅使接待役など廻って来ないようにできれば、浅野家という組織には最善だったはずである。もちろん、国元家老の大石内蔵助はその任ではなかったが、それのできる人物を江戸へ派遣しておくことはできたであろう。しかし、そんな巧妙な方法を採っていたなら、大石内蔵助の名はどこにも残らなかったに違いない。

才能と人徳

今日、日本の企業組織の多くは、共同体化の危機に曝されているといってよい。これまでの経営環境においては、あまり大きな破綻をきたさなかった共同体化が「死に至る病」

となって発病する可能性が高い。これから脱却するためには、まず人事評価の基準を、自己犠牲評価から功績評価と能力主義に改めることだ。しかし、これもまた簡単ではない。功績と能力のある者は、しばしば人徳を欠き周囲との摩擦も多いからである。

徳川家六代将軍家宣は、新井白石から勘定奉行荻原重秀の悪評を告げられ、「才ある者は徳がない、徳ある者は才がない」と嘆いたが、結局は「財政不安の今は徳がなくとも才のある荻原に頼る外はない」と判定している。

この判断は、幕府の奉行を機能組織として見る限り、実に正しい。だが、潔癖性の学者だった新井白石は納得せず、様々に荻原重秀を追及した。しかし少額の金銀貨幣改鋳益の使途不明を指摘したほかは、何一つ罪状を明確にすることができなかった。世に噂された汚職横領の疑惑も、荻原自身に関する限り事実無根だったのだ。しかし、今日に至るも、荻原重秀一派を専横と汚職の輩とする印象がぬぐえない。才ある荻原は、人徳がなかったのだ。

実際、「才ある者は徳がない、徳ある者は才がない」というのは、人事における不滅の公理である。才があって仕事をすれば必ず周囲と摩擦を起こして徳望は傷が付く。逆に仕事さえせず才能を発揮しなければ、大抵の人は「良い人」、つまり徳人であり得る。酒を飲み交わしカラオケ、ゴルフをやっている間は「良い人」だと思った相手も、いざ仕事をやると実に厭な人物だったという例は非常に多い。功績評価や能力主義とは、それを承知で功績ある者に禄を与え、能力ある者に権力を授けることなのである。機能組織とは、人間の人徳を買うのではなく、能力を買い、目的達成への功績を期待する仕組みなのだ。

権・禄・位を分離した徳川幕府

しかし、それだけに徹すれば、組織の結束と調和が保てないことは、織田信長の組織の例からも分かるだろう。どこの組織でも才能のある者は少数だから、才能実績だけで人事評価を行えば、多数の凡人からの反発を招くのである。

これに対して、一つの解答を与えたのが、徳川幕府のヒューマンウェアだ。徳川幕藩体制では、能力のある者には権限を与え、実績のある者には高禄（高収入）を保障し、人徳のある者には高い地位を就ける仕掛けにしている。もっとも封建時代の実績や人徳は、本人のそれよりも先祖のそれが重視される。つまり、家柄門地によって判断されたのだ。

徳川時代に最大の権限を持ったのは、多くの場合幕府の奉行だが、それは旗本から選ばれた。従って、千石から五千石までの禄高の人物が多い。これに対して最大の禄を与えられていたのは、前田、島津などの外様の大大名だが、彼らは原則として幕政には関与できなかった。老中、大老に選ばれるのも、親藩の井伊、酒井らの家柄に限られていた。

一方、地位が最も高いのは、(将軍自身を別にすれば)京の公家衆である。三十万石の大名が従四位、五万石なら従五位なのに、公家の中には、何の功績もなくとも従二位に上がる者がざらにいた。ところが、公家の禄高たるや気の毒なほど低い。五摂家でも最高の近衛家が五千石、最低の鷹司家は千九百石に過ぎない。『忠臣蔵』で五万三千石の大名で従五位下の浅野内匠頭に接待された勅使の大納言は、従二位の高位なのに禄はたったの二百二十石である。安定社会を目指した徳川幕府は、権と禄と位とを分離することによって、優越感と不満との均衡を保とうとしたのである。

徳川幕府の見事な点は、ただそれだけに留めず、この三種類の人々の間に、婚姻関係を通じて一種の換算レートを設けたことだ。つまり、従二位で二百二十石の公家の姫君なら、十万石で従五位の大名の子息と結婚すれば「釣り合いのとれた良縁」としたのだ。もちろん、男女が逆の場合も然りである。これによって、公家は空位を飾って貧寒に泣くだけではなく、大名からの物的援助を得る好運を期待することができたわけだ。

徳川幕藩体制が、完全な非武装状態で、きわめて低い税負担のまま二百五十年も安定していられたのは、こうしたヒューマンウェアの巧みさに依るところが大きい。

(6) 経営の理念＝あなたの会社の理想像は

最後にすべてにかかわる重要な問題は、企業の理念の確立である。「三比主義」に代わる経営の尺度を掲げるのにも、「利益質」の加重数値を設けるのにも、人事評価を定めるのにも、結局は経営の理念がなければならない。長く量的拡大と利益額の前年比増だけを追って来た日本企業には、それに代わる理念が欠けているため、新しい目標が打ち出せない。バブル崩壊後の企業従業員の戸惑いもここに発するといえるだろう。

しかし、難しく考える必要はない。経営の理念とは要するに企業の理想像、つまり「どんな会社になりたいか」ということである。「大きな企業」が良いと思う人も多いだろうが、それればかりではないはずだ。「とにかく儲かる会社が最高」という人もいるだろうが、では「儲けたあと何をしたいのか」と考えて見る必要がある。「安定していること」を理想とする人も少なくないはずだが、その場合には従業員も安定第一、あまり成長は期待できない。

企業に、将来はどうなりたいかという理想がしっかりとあれば、土地投機や財テクなどあまりしなかったはずである。「いやいや、大きくなくともそんなに儲からなくとも、ユニークな技術と伝統で目立ちたい」というのも一つの理想だろう。「地域社会から尊敬されたい」というのもあれば、「子供たちに資産の多い会社を残したい」というのもあるだろう。どれが正しくどれが悪いなどとは決められない。要は、経営者が本音で考えることだ。

人間の哀しさは、自分が本当にしたいことが分からない点にある。人間は子供の頃から、本当にしたいことから目をそらすように教育されるからだ。例えば子供が倒れて膝をすりむいた。お母さんはアメ玉を与えて泣き止むようにという。子供が本当にしたいのは、膝の痛みを除くことなのに、母親は口の甘みで忘れよ、というのである。これが学校に通うようになれば一段と厳しくなり、みんなと同じことをしなければ叱られる。みんなと同じ解答をしなければ成績が悪くなる。そんな繰り返しの中で、人間は自分の本当にしたいことを見失ってしまい、「有利」と教えられたことを「好き」と勘違いするようになるのである。

人間の集団としての組織にも同じ誤解が付きまとう。本当にしたいことから目をそらして、世間の評判や風潮にのめり込んでしまうのだ。企業の理念とは、その企業の経営者と出資者と従業員が、「本当にどんな会社になりたいか」という究極の理想を考えることに尽きる。それがはっきりと分かれば、その実現にふさわしい利益質と人事尺度を定めることも、有用なヒューマンウェアを確立することもできる。

人間にとっても、組織にとっても、理想を知ることこそが理想を実現する第一歩である。「経営の理念」とは、それぞれの企業の理想像、つまり「なりたい姿」のことだ。それを、経済的な有利不利にも、世間での好評不評にも、将来の成長や不安にも捉われることなく探り出して見る必要がある。それを、取引相手や従業員や世間に、どのような表現で発表伝達するかは、また別の問題である。

本当に「したいこと」「なりたい姿」を見つめる前に、経済的有利さと世間の評判と将来の安心を考えるのは本末転倒、経営の理念を見失う結果になるだろう。

著者解説

今こそ、読んで欲しい作品

(1)日本経済の曲がり角に著した自慢の著作

私の著作活動は多岐にわたる。『油断！』『団塊の世代』『平成三十年』等の予測小説（近未来小説とも）、『豊臣秀長　ある補佐役の生涯』『峠の群像』などの歴史小説、そして『知価革命』に代表される社会科学的論文がある。本作『組織の盛衰』は三つ目の「社会科学的論文」と考えている。

これにも歴史小説家としての私の知識と研究成果をぎっしりと詰め込んだ。それだけに、おもしろい読み物ともなっている、といえるだろう。

私がこの作品を書いたのは一九九三年四月、日本経済が一本調子の右肩上がりから、やや不安気な兆しの見え始めた頃だ。この時点で本作は、世の企業経営者など、組織運営者への警世の書としての役割を果たしたはずである。

だが、平成三十年の今日では、「明日の企業経営をどうするか」を考える上での実用的な手引書でもある。多くの企業が体質改善を強いられる今日、自らの組織の病理を解明し、組織改革の指南書ともなるからである。

潰れ去った巨大組織の歴史

世の組織コンサルタントは、自らの主張を簡明に表現し伝えようとするせいか、とかく結論を急ぐ傾向がある。いきなり実践的な現場の経営学に飛び込む。企業経営学の祖といわれるC・I・バーナードでさえ、歴史的記述は乏しい。

私は、この組織論を著すに当たって、過去に生じた巨大組織の崩壊を丹念に調べた。本作にはそのうちの三例――豊臣家、昭和の陸海軍、戦後の石炭産業――を記載した。滅び去った巨大組織の「死に至る病」を知って欲しかったからである。

この調査から、私は「大きくて強い組織」が滅亡する原因を導き出そうとした。そして、三つの原因を見出した。恐らくこの方法論と結論には、多くの人々が納得されるだろう。

だが一方で、自らの組織がそんな病に冒されているとは思い難い。他人の姿を批評するのは易しいが、自分の後姿は見え難いものだ。

「組織の死に至る病」とは

規模も大きく、優れた構成員も多く、権限や関係相手も多い「立派な組織」が、経済的に不調になり、世の顰蹙を買うような事例や不祥事をしばしば起こし、構成員の内部対立が解けないなどの問題が生じる。

そんな時、多くの組織はまず人事をいじる。担当者を変えたり、当該部署にコンサルタントを入れたりする。

それでも改善されない時には「やり方」を変える。商品のレイアウトやデザインを変えたり、臨時イベントを行ったり、宣伝方法を改めたりだ。

この程度で業績が回復すればまだよい。組織としての「死に至る病」には取り憑かれていないのである。

本作に挙げたのは、そんなことでは対応できない、重篤な病が根深く取り憑いている例である。

そんな組織の「死に至る病」を、私は次の三つだと見極めた。それは、

①機能体の共同体化

②環境への過剰適応

③成功体験への埋没
である。

(2)二〇二〇年のあとこそ重大

日本的組織の弱点

今、日本は激しい環境変化に見舞われている。恐らく、二〇二〇年の東京オリンピック・パラリンピックの後には、今までとは全く違った情況が生じているだろう。その時、各組織——官公庁も、政党や団体も、大小の企業も——がどう対応するかは、正しく「組織の盛衰」にかかわる重大事である。

本作では、各部署の挑戦についても厳しい論述をしている。

特に日本的組織の弱点というべきは、①次期ナンバーワン、②補佐役、③参謀、④各部署の指揮官など、組織の諸要素の混合または未分化が挙げられる。本作はこの点についても様々な事例と考察を述べている。

従来の組織は、組織に人が付いていた。しかし、情報のヒエラルヒーが消える未来には、

「自立した個人の集団としての組織」が成長するだろう。

「組織の盛衰」は、これからの大変革時代にこそ読んでもらいたい論考である。

時代が変わる時、組織も変わらねば

戦後から昭和の末までの四十年間は、経済が右肩上がりだった。そこでは大きなハードウェア（土地や施設）を備えた組織が有利だった。規格大量生産こそがコストを引き下げ、生産物を安くする決定的要素だった。この時期に大切だったのは現場の勤労者の頑張り、正しく「スポーツ根性」である。

平成になると、情報は拡散し、誰でもインターネットで引き出せるようになった。そこで大事になったのは、情報共有者の仲間意識だ。平成三十年の今までは、終身雇用型の正社員優遇の思想と体制だった。

だが、平成が終わろうとする今、大事なのは各役職者の機能別・職種別の精巧な働きである。

組織のトップはただ一人

組織のトップ――最終意思決定者はただ一人だ。この一人（ＣＥＯ）が、アドバイザーや秘書役を置くのは当然だが、最終的な決断者はただ一人でなければならない。

この最終決断者が誰なのかが曖昧な組織は、これからの時代には生き残れないだろう。トップが合議体になっている状態でも、最終決定はただ一人が行わざるを得ない。昔から、三頭政治や多数合議制が長く続き、良い結果を出した例は全くない。

難しい後継者選び

組織のトップには、必ず後継者がいる。不慮の事故でも、自然の寿命でもトップが消えた場合、後継者不在では長く好業績を保つことはできない。権限と機能を徐々に後継者に譲り渡すのが理想だが、人間社会はそう簡単にはいかない。

後継者を定めた途端、次期の権力を持つ後継者の周囲には、側近になる連中が集ってくる。現トップの在任期間が長くなれば、後継者は焦れて来るし不安にもなる。現トップの下で権力を揮うその側近たちは、権力が長く維持されることを願うので、なかなか譲ろうとはしない。

そんなことから現首脳と次期首脳の間には対立が生じる。史上に「王による皇太子殺し」は多かった。また、次期トップによる現役者殺害や追放も数多い。組織の後継者選びは、常に緊張に満ちた行事なのだ。

参謀と補佐役——大事な専門職

日本の組織で軽視されているのが参謀と補佐役である。日本では、しばしば次期トップを参謀長や補佐役にする。だが、参謀には参謀としての、補佐役には補佐役としての特性がある。将来のトップに向いている者が、必ずしも現体制での参謀や補佐役に適しているとは限らない。いや、むしろ逆の場合が多い。

まず参謀は、アイデアマンであり、実現的ビジョニストでなければならない。参謀の最大の仕事は、勝利への道筋を描くことである。あらゆる局面で最良の策を提供することだ。それだけに常に休まず策を巡らせ、動員を企画し、数値を並べて意欲的な提言をしなければならない。参謀の提案を採用し実行するか、拒否して時期を待つかは、トップの判断である。

これに対して補佐役は、常に周辺に配慮し、組織の内外に目を配り、不祥事の有無を調べ、事前に調査し、問題なく終わらせる潤滑油的立場である。参謀と補佐役は表裏の関係とも、凸凹の機能ともいえる。そしてそのいずれも、次期トップとは全く別の才能と機能である。

現場指揮官と情報専門職

ハードウェア（土地と施設）が重要だった高度成長時代から、知恵と情報が決定的要素となるこれからの時代に転換する時、各組織は自らの特性を把握し、それに適した人材を育てなければならない。

過去に滅びた日本の巨大組織は、この点でこそ最大の失敗をした。

例えば日本の軍隊は、参謀を出世の一つの段階と考え、参謀に補佐役を兼任させ、軍内全般の雑務を行わせた。本来なら東条英機のような独裁志向の人物は参謀などにせず、現場の指揮官、精々師団長に留めるべきであった。石原莞爾のようなビジョニストは参謀に留め、軍司令官にも大臣にもすべきではない。この男の最終形が、全国各地を講演して回る評論家だったのは、案外正解だったかもしれない。

また、山本五十六のようなアイデアマンは参謀向きで、連合艦隊司令長官にも大臣にもすべきではなかった。この人物は、真珠湾奇襲という自らのアイデアに溺れて、アメリカを奮起させて日本を自滅させた。山本の上によき組織指導者がいて、そのアイデアを熟慮し、採否すべきだったのだ。

これからの時代、組織の機能と人材の選択がますます重要になる。

本作「組織の盛衰」は、今こそ読んで欲しい論考である。

『組織の盛衰』
単行本　一九九三年四月　ＰＨＰ研究所
文　庫　一九九六年一月　ＰＨＰ文庫
全　集　『堺屋太一著作集　第16巻』二〇一八年四月　東京書籍

編集付記

一、本書は、『堺屋太一著作集　第16巻』所収の「組織の盛衰」、「作者による解説」に、単行本の「はじめに」を収録した決定版です。

一、明らかな誤植と思われる箇所は訂正し、難読と思われる語にはルビをふりました。〔　〕内に編集部による注を付しました。

一、ＰＨＰ文庫版より、必要と思われる図版を一部収録しました。

中公文庫

組織《そしき》の盛衰《せいすい》

——決定版《けっていばん》

2022年6月25日　初版発行

著　者　堺《さかい》屋《や》太《た》一《いち》

発行者　松田陽三

発行所　中央公論新社

〒100-8152　東京都千代田区大手町1-7-1

電話　販売 03-5299-1730　編集 03-5299-1890

URL https://www.chuko.co.jp/

ＤＴＰ　嵐下英治

印　刷　大日本印刷

製　本　大日本印刷

Published by CHUOKORON-SHINSHA, INC.

Printed in Japan　ISBN978-4-12-207217-6 C1130